묵상을 위한

하나님이 상 주시는 삶

A LIFE GOD REWARDS DEVOTIONAL
by Bruce Wilkinson with David Kopp

Originally published in English under the title:
A Life God Rewards Devotional
Copyright ©2002 by Ovation Foundation, Inc.
Published by Multnomah Publishers, Inc.
204 W. Adams Avenue, P. O. Box 1720,
Sisters, Oregon 97759 USA
All rights reserved.

All non-English rights are contracted through
Gospel Literature International,
PO Box 4060, Ontario CA 91761-1003, USA

Korean translation copyright ⓒ 2003 by Timothy Publishing House
Kwan-Ak P.O.Box 16, Seoul, Korea

이 책의 한국어판 저작권은 Multnomah Publishers, Inc. 와의 독점판권 계약에 의해
도서출판 디모데에 있습니다. 저작권법에 의하여 한국 내에서 보호를 받는 저작물이므로
무단 전재와 무단 복제를 금합니다.

영원한 상급을 바라보며 나아가는 31일 간의 여정

묵상을 위한

하나님이 상 주시는 삶

브루스 윌킨슨 & 데이빗 콥 지음 | 김인화 옮김

| 차 례 |

초대의 글 하나님께 '잘하였다'는 칭찬을 듣기 위한 삶   6

도입부 당신의 영원에 대한 큰 그림

큰 그림 *Day 1* 반가운 충격	10
큰 그림 *Day 2* 영원을 여는 두 가지 열쇠	16
큰 그림 *Day 3* 하나님께 영원히 집중하여	21

첫째 주 보상의 약속

Day 1	예수님이 주시는 임금	28
Day 2	지금을 보지 마라	34
Day 3	아들 안에서 사역하기	40
Day 4	양탄자 살 돈으로	46
Day 5	그분의 일과 우리의 일	51
Day 6	누가 내 치즈 케이크 먹었어?	56
Day 7	세월을 아끼라	62

둘째 주 베마의 복음

Day 8	단 위에 선 사람	68
Day 9	베마의 간과된 진리	73
Day 10	불로 나타내고	78

Day 11	베마에서의 죄	84
Day 12	반석 위에 지은 집	90
Day 13	우리 앞에 놓인 왕관	96
Day 14	책임의 복된 소식	101

셋째 주 하나님이 상 주시는 삶 살기

Day 15	그날은 돌아온다	106
Day 16	놀라운 기쁨	111
Day 17	종의 표시	117
Day 18	두 번 받는 보상	122
Day 19	하나님의 은밀한 섬김	127
Day 20	하나님이 '어리석다'고 하시는 사람	133
Day 21	혁신적인 삶	138

넷째 주 천국에 있는 집

Day 22	천국은 실재하는 곳이다	146
Day 23	가족 재회	152
Day 24	모두를 위한 놀라운 것 (그리고 몇몇을 위한 훨씬 더 나은 것)	157
Day 25	하늘나라에 대한 향수병	162
Day 26	지옥은 연회장이 아니다	168
Day 27	그리스도의 대사들	174
Day 28	우리 삶의 경주	180

각주 186

초대의 글

하나님께 '잘하였다'는 칭찬을 듣기 위한 삶

우리는 영원한 상이 예수님이 염두에 두시는 첫번째이자 마지막 상일 것이라고 생각할 수도 있다. 과연 그럴까?

예수님이 가르치는 사역을 시작하셨을 때, 맨 먼저 선포하신 말씀 가운데 가장 중요한 것은 우리가 이 땅에서 그분을 위해 한 일에 대해 하나님이 하늘나라에서 보상해주실 것이라는 사실이었다. 그분은 산상수훈에서 "너희에게 복이 있나니 기뻐하고 즐거워하라 하늘에서 너희의 상이 큼이라"(마 5:11-12)고 말씀하셨다. 그리고 성경 맨 마지막 장에 기록되어 있는 맨 나중에 선포하신 말씀 역시 그 주제가 같다. "보라 내가 속히 오리니 내가 줄 상이 내게 있어 각 사람에게 그의 일한 대로 갚아 주리라"(계 22:12).

예수님은 하나님을 위해 일하는 것이 중요하다고 말씀하셨다. 그런데 지금 세대들은 그 말씀을 너무도 외면하고 있다. 무엇 때문일까? 또 우리는 현재 목적 의식을 상실하고 장래의 기쁨을 품지 못하게 되었는데, 그로 인해 어떤 대가를 치르게 될까?

내가 「하나님이 상 주시는 삶(A Life God Rewards)」을 쓴 이유는 오늘날 우리가 하는 일과 하나님이 영원 속에서 우리를 위해 하실 일 사이의 관계에 대한 진리를 되새겨주기 위해서였다. 또 하나님의 은혜로 말미암아, 이생에서 그분을 섬기고자 하는 열정에 다시 한 번 불을 지피기 위해서였다. 이 책을 아직 읽지 않았다면, 꼭 읽어보기 바란다.

31일 동안 묵상하도록 되어 있는 이 책은 예수님이 상에 대해 가르치신 것을 좀더 깊이 이해할 수 있도록 도와줄 것이다. 우선, 처음 3일 동안은 「하나님이 상 주시는 삶」이 던지는 중심 메시지를 살펴볼 것이고, 그 다음 4주 동안은 하나님께 "잘하였다!"라고 칭찬받는 삶을 살도록 동기를 부여하고, 신선한 통찰력을 제공하는 작업을 할 것이다.

이 책을 읽으면서 느끼는 것들을 중심으로 일기를 쓰기 바란다. 이 책의 매과 끝부분에 일기가 실려 있으니 참고하면 될 것이다. 내가 무엇을 배웠고 또 어떻게 변화하고 있는지를 글로 쓰는 것은 우리 삶에서 행하시는 하나님의 사역에 어마어마한 영향력을 더하므로, 일기를 꼭 쓰기 바란다.

  이 책을 마칠 즈음이면, 예수님이 제자들에게 그토록 원하셨던 그 기대감과 이해와 목적과 기쁨으로 우리의 하루하루가 가득 차는 것을 보게 될 것이다.

  삶을 변화시키는 이 즐거운 길에 당신을 초대한다.

– 브루스 윌킨슨

도입부

당신의 영원에 대한 큰 그림

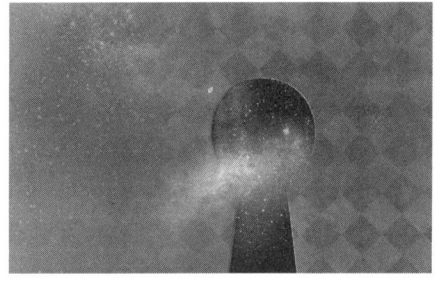

하나님이 자기를 사랑하는 자들을 위하여 예비하신 모든 것은

눈으로 보지 못하고 귀로도 듣지 못하고

사람의 마음으로도 생각지 못하였다.

고린도전서 2:9

큰 그림 *Day* 1

반가운 충격

*잔치를 배설하거든 차라리 가난한 자들과 병신들과
저는 자들과 소경들을 청하라
그리하면 저희가 갚을 것이 없는고로 네게 복이 되리니
이는 의인들의 부활 시에 네가 갚음을 받겠음이니라.*
누가복음 14:13-14

    라디오를 틀었더니, 한 여인이 토크 쇼에 나와 1994년 남캘리포니아의 노스리지에서 있었던 지진에 대해 이야기하고 있었다. 그녀의 이름은 미쉘(Michelle)이었다. 벽에 걸려 있는 액자들이 떨어지고 가구들이 방 한가운데로 쏟아지며 주방에서는 그릇들이 쨍그랑하고 바닥으로 떨어지는 소리가 나자 그녀는 거리로 달려나갔다.

    그러나 지진 때문에 동네 전체에 전기가 나가 바깥은 칠흑처럼 어두웠다. 미쉘은 어쩔 줄 몰라 하며 어두움 속에서 불안하게 서 있었다.

"그러다가 우연히 하늘을 올려다보게 됐어요. 그런데 밤하늘에 은하수가 반짝이고 있지 뭐예요? 은하수를 본 건 그때가 처음이었어요. 지진으로 주변의 모든 것이 파괴되고 있는 가운데 봐서 그런지, 그 광경이 그토록 놀랍고 눈부실 수가 없었어요."

나는 이 책에서 여러분에게 밤하늘의 은하수처럼 항상 그 자리에 있는 큰 진리를 보여주려고 한다. 그러나 그 진리가 여러분에게는 감춰져 있을 수도 있다.

여러분 가운데는 지금 이 시각에도 중대한 결정을 내리고 있는 사람들이 있을 것이다. 거대한 또 다른 현실이 실제로는 전혀 존재하지 않는 것처럼 생각하면서 말이다.

그러나 우리 앞에 있는 위대한 영적 진리를 우리가 언제까지나 안 보고 살 수 있을까? 물론, 몇 가지 잘못된 가정들이 수년 동안 우리 시야를 가릴 수는 있을 것이다.

어느 날 우리가 급격한 충격을 느낄 때까지는 말이다.

오늘 내가 한 일과 천국에서 내게 일어날 일 사이의 상관관계에 대해 예수님이 하신 말씀을 맨 처음으로 들었을 때 내가 느낀 것도 바로 이 갑작스런 충격이었다. 예수님은 가르치는 사역을 시작하셨을 때 이 부분에 대해 맨 처음으로 말씀하셨다. 지금 우리는 그것을 산상수훈이라고 부른다.

"인자를 인하여 사람들이 너희를 미워하며 멀리하고 욕하고 너희 이름을 악하다 하여 버릴 때에는 너희에게 복이 있도다 그날에 기뻐하고 뛰놀라 하늘에서 너희 상이 큼이라 저희 조상들이 선지자들에게 이와 같이 하였느니라."

누가복음 6:22-23

이 말씀의 의미인즉, 이 땅에서 예수님을 위해 고난받으면, 하늘나라에서 하나님께 보상받게 된다는 것이다. 그것도 말할 수 없을 정도로 놀라운 보상을 받게 된다고 말한다. 만일 우리가 예수님의 눈으로 미래를 볼 수 있다면, 아마 기쁨을 주체하지 못하게 될 것이다.

예수님은 복음서 전체를 통해, 오늘을 영원과 연결시키셨다. 한 종교 지도자의 집에 초청받아 가셨을 때 예수님은 집주인에게 다음과 같이 말씀하셨다.

"잔치를 배설하거든 차라리 가난한 자들과 병신들과 저는 자들과 소경들을 청하라 그리하면 저희가 갚을 것이 없는고로 네게 복이 되리니 이는 의인들의 부활 시에 네가 갚음을 받겠음이니라."

누가복음 14:13-14

어제 당신의 삶은 어땠는가? 최후의 심판 날에 보상받을 것이라는 진리를 중심으로 삶의 우선순위를 세웠는가? 아니면, 지금 하나님을 위해 일하면 곧바로 하나님께 보상받는다는 가정 위에서 살았는가?

후자에 해당한다면, 당신은 예수님이 영원의 은하수를 보기 바라시는 그곳에서 순식간에 사라져버릴 빛밖에 보지 못한다고 할 수 있다. 이 땅에서 하나님을 위해 더 많은 일을 하면 천국에서도 더 많은 보상을 받게 된다는 것이 진리다.

옆집 사람이 아플 때 죽을 끓여서 갖다준 적이 있는가? 믿기 어려울지 모르겠지만, 그 작은 섬김의 행동에도 보상이 따른다.

직장 동료들이 모두 부정한 짓을 저지르는데, 당신 혼자만 부정부패에 가담하지 않은 적이 있는가? 그랬다면, 정말로 축하한다. 동료의 핍박에도 불구하고 예수 그리스도를 위해 양심을 지킨 것이 당신에게 엄청난 보상을 가져다줄 것이기 때문이다.

오늘은 이 책을 여는 첫 날이다. 하나님의 사랑의 깊이를 새롭게 이해하는 순간이라고 할 수 있다. 또한 그분의 관대하심의 넓이와 당신을 향한 영원한 계획의 놀라움을 이해하려는 순간이라고 할 수도 있다.

예수님께 오늘 이 모든 것을 보여달라고 간청하라. 그분이 영원한 보상에 대해 계획하신 것을 맨 처음으로 발견하는 순간, 당신의 세계는 분명 지각 변동을 일으킬 것이다. 마음 편하게 믿고 있던 가정들과 오랫동안 지녀왔던 신념들이 찬장에서 덜거덕거리며 흔들리기 시작할 것이다. 그러나 접시들이 떨어진다고 해서 달려가 붙잡지는 마라. 그냥 떨어지게 내버려두라. 그리고 길거리로 달려나가 하늘을 올려다보라.

하나님이 당신에게 보상해주실 것이다.

 내 보상의 일기

예수님이 현재와 영원 사이의 연결 끈에 대해 말씀하신 것이 내 생각이나 지금까지 내가 배워온 것과는 어떻게 조화를 이루는가, 혹은 조화를 이루지 못하는가? 진리는 하나님에 대한 내 생각, 천국에 대한 생각, 오늘 내가 하고 싶어하는 것에 대한 생각을 어떻게 바꾸었는가?

우리에게 필요한 것은 위대하신 하나님에 대한 큰 그림이다.
우리에게 선을 행하시며 하나님 자신의 위대하심을
즐겁게 묘사하는 데 온전히 헌신된 하나님 말이다.
우리는 하나님의 위엄을 보아야 한다.
또 넘칠 듯한 전능하심으로 우리를 향해 흘러들어오는

하나님의 영광을 알아야 한다.
하나님이 크고 강하시며 경외로운 분이심을
믿는 것만으로는 충분치 않다.
우리는 이 장엄함을 피조물을 만족시키기 위해 피조물에게
자신을 계시함으로써 하나님의 억제할 수 없는 열정이
폭발한 것을 경험해야 한다.

존 파이퍼(John Piper)

큰 그림 Day 2

영원을 여는 두 가지 열쇠

> 너희가 그 은혜를 인하여 믿음으로 말미암아 구원을 얻었나니
> 이것이 너희에게서 난 것이 아니요 하나님의 선물이라
> 행위에서 난 것이 아니니 이는 누구든지 자랑치 못하게 함이니라
> 우리는 그의 만드신 바라 그리스도 예수 안에서 선한 일을 위하여
> 지으심을 받은 자니 이 일은 하나님이 전에 예비하사
> 우리로 그 가운데서 행하게 하려 하심이니라.
> 에베소서 2:8-10

  어릴 때 놀이터에서 시소를 타다가 반대편에 앉은 친구가 갑자기 내리는 바람에 시소가 쾅 하고 땅에 떨어져 엉덩이가 깨질 것 같은 통증을 느낀 적이 있을 것이다. 그때 당신은 어쩌면 처음으로 균형의 중요성을 배웠을 것이다.
  오늘은 믿음과 사역의 아주 중요한 균형에 대해 이야기하려고 한다. 아마 여러분은 믿음이 더 중요하다고 배웠을지 모르겠다. 그래서 훌륭한 사역을 강조하는 사람들을 의심의 눈으로 바라보며 자랐는지

도 모르겠다. 그리고 아무 일도 하지 않으면서 하나님은 우리가 이 땅에서 하는 일에 전혀 관심도 없으시며, 천국에 갔을 때 하나님이 이 땅에서 우리가 한 일에 대해 아무런 해명을 요구하지 않으실 것이라고 생각했는지도 모르겠다.

그러나 불행하게도, 이러한 생각은 균형 잡히지 못한 생각이다. 물론, 예수님은 우리가 행위로 구원받은 것이 아니라고 가르치셨다. 이것은 정말 놀랍고 귀한 진리다. 오늘 본문에서 바울은 믿음에 대해 이렇게 말한다. "너희가 그 은혜를 인하여 믿음으로 말미암아 구원을 얻었나니 이것이 너희에게서 난 것이 아니요 하나님의 선물이라 행위에서 난 것이 아니니 이는 누구든지 자랑치 못하게 함이니라"(8-9절).

그러나 바울이 뒤이어서 우리 행위에 대해 어떻게 말했는지 눈여겨보기 바란다. 우리가 행위로 구원받은 것은 분명 아니다. 그러나 우리는 '선한 일'을 위해 창조되고 구원받았으며 특별히 따로 구별된 존재다.

> "우리는 그의 만드신 바라 그리스도 예수 안에서 선한 일을 위하여 지으심을 받은 자니 이 일은 하나님이 전에 예비하사 우리로 그 가운데서 행하게 하려 하심이니라."
>
> 10절

바울은 행위와 믿음이 각자 자기 자리를 차지하고 있다는 것을 분명히 하기 원했다. 또한 우리 삶을 향한 하나님의 계획과 관련될 때는 둘 다 말할 수 없이 중요하다는 것도 분명히 하기 원했다.

사실, 우리의 영원한 미래를 여는 것은 믿음과 행위다. 「하나님이 상 주시는 삶」에서도 나는 이 두 진리를 우리의 미래를 여는 열쇠로 묘사한 바 있다. 곧 우리의 믿음, 신앙이 첫번째 열쇠이고 우리의 행동, 행위는 두번째 열쇠인 것이다.

우리가 천국과 지옥 중 어디에서 영원을 보낼 것인가를 결정하는 것은 바로 우리가 예수님을 믿는가에 달려 있다. 예수님은 "아들을 믿는 자는 영생이 있고"(요 3:36)라고 말씀하셨다.

결국, 천국에 갔을 때 하나님이 우리에게 어떤 상을 주실지를 결정하는 것은 우리가 이 땅에서 어떻게 행동하느냐에 달려 있다. 우리의 행위가 우리가 받게 될 영원한 보상을 결정한다. 예수님은 "보라 내가 속히 오리니 내가 줄 상이 내게 있어 각 사람에게 그의 일한 대로 갚아주리라"(계 22:12)고 말씀하셨다.

이 진리가 오늘 당신과 당신 주위 사람들에게 무엇을 의미하는지 한번 비교해보기 바란다.

	믿음의 열쇠	행위의 열쇠
내가 하는 것	그리스도를 믿는다.	그리스도를 위해 일한다.
내가 받아들이는 것	하나님의 선물	하나님의 보상
누가 그 일을 했는가	그리스도가 나를 위해 하셨다.	내가 그리스도를 위해 한다.
근본	그리스도에 대한 내 믿음	내가 한 선한 일들
결과	영원한 구원	영원한 보상
양	구원의 전부	내가 획득한 만큼만
비교	구원은 선물이기 때문에 누구에게나 똑같다.	보상은 보수이기 때문에 사람마다 다르다.

나는 복음서의 메시지가 오늘 여러분에게 새로운 방식으로 살아 있기를 바란다. 그리고 그 진리의 빛이 여러분의 마음에서 다음의 두 가지 오해를 몰아내주었으면 한다.

1. **행위로 구원에 이를 수 있다는 오해.** 여러분이 한 일에 대해 하나님이 해주시는 보상은 그분이 베푸시는 구원의 선물과 엄연히 다르다. 믿음과 보상은 아무 상관없으며, 마찬가지로 행위와 구원 역시 아무 상관없다.
2. **행위는 전혀 중요하지 않다는 오해.** "중요한 것은 내가 무엇을 믿느냐이지, 어떻게 행동하느냐가 아니야"라는 말은 두 번 다시 하지 말라. 당신이 하나님을 위해 하는 일은 당신은 물론이거니

와 하나님께도 매우 중요하다.

구원과 보상에 대한 예수님의 가르침을 받아들여 여러분의 사고방식을 바꾸라. 그러면 하나님이 여러분에게 매일매일 주시는 기회들을 어떻게 볼 것인가와 관련하여 극적이고도 긍정적인 변화가 일어나는 것을 경험하게 될 것이다. 또 여러분의 삶에는 여러분이 믿고 있는 것보다 훨씬 더 많은 것이 있다는 사실도 확신하게 될 것이다. 나아가 여러분의 미래에도 단지 천국에 들어가는 것보다 훨씬 더 많은 것이 있다는 사실을 확신하게 될 것이다.

내 보상의 일기

내 삶을 향한 하나님의 계획에 대한 내 믿음의 균형은 얼마나 깨져 있는가? 내 믿음의 균형이 잡히면, 내 삶은 어떻게 변화될까?

인간은 하나님께 아무런 이익도 줄 수 없다.
그러나 우리가 하나님께 전혀 무익함에도 불구하고
그분을 섬기는 우리의 섬김은 너무도 유익하다.

존 웨슬리(John Wesley)

큰 그림 *Day* 3

하나님께 영원히 집중하여

인자가 아버지의 영광으로 그 천사들과 함께 오리니
그때에 각 사람의 행한 대로 갚으리라.
마태복음 16:27

우리가 죽으면 어떻게 될까? 사람들은 자신의 삶을 다음의 세 단계로 생각하는 경향이 있다.

- 1단계: 이 땅에서의 삶. 많은 일들이 일어난다.
- 2단계: 죽음. 한 가지 일만 일어난다.
- 3단계: 영원 속에 존재함. 그리 많은 일이 일어나지는 않는다.

그러나 예수님은 이와 전혀 다른 무언가를 들려주시려고 이 땅에 오셨다. 예수님은 우리 삶의 대부분은 육신이 죽고 난 다음에 일어난다고 말씀하셨다. 어느 날, 예수님은 제자들에게 모든 사람의 미래에 일어날 몇 가지 중요한 사건에 대해 말씀해주셨는데, 오늘 본문이 바로 그것이다.

> "인자가 아버지의 영광으로 그 천사들과 함께 오리니 그때에 각 사람의 행한 대로 갚으리라."
>
> 마태복음 16:27

이 구절에서 예수님이 말씀하시려는 것은 무엇일까? 언젠가 예수님은 다시 돌아와 모든 사람에게 보상해주실 것이다(혹은 해주지 않으실 것이다). 예수님은 우리가 어떤 일을 했느냐에 따라 각기 다르게 보상해주실 것이다. 우리 육신이 죽고 난 다음에는 많은 일이 일어날 것이다. 그러나 그것은 시작에 불과할 것이다.

그러나 아직은 예수님이 다시 오지 않으셨다. 제자들은 지금도 천국에서 예수님이 말씀하신 이 사건이 일어나기를 기다리고 있을 것이다.

하나님은 우리의 삶이 번창하고 영원에 대해 중요한 의미를 가지기 바라신다. 그것도 우리가 전혀 불가능하다고 생각했던 방식으로 말이다. 이 묵상집으로 얼마간만 공부한다면 이내 이 사실을 보게 될 것이다. 그러나 영원에서의 삶이 얼마나 실제적이고 중요하며 어마어마한 사건인지에 대해 개념 정립을 명확히 하지 않는다면, 그 누구도 영원을 위해 열정적으로 살아갈 수 없을 것이다.

그러므로, 오늘은 우리 삶의 궤적을 돌아보며 영원의 시각으로 삶의 초점을 맞추어보자. 예수님은 모든 사람에게는 다음과 같은 여섯 가지 주된 사건들이 일어난다고 말씀하신다.

우리의 영원한 삶에서 일어나는 여섯 가지 주된 사건들

1. 생명. 우리는 목적 있는 삶을 위해 하나님의 형상으로 창조되었다. 그리고 탄생과 사망 사이에서, 육신과 영혼과 영의 존재로 이 땅을 살아간다(요 3:6, 4:23-24, 살전 5:23).
2. 죽음. **우리는 영적으로는 아니지만, 육적으로는 죽음을 경험한다.** 우리가 죽으면 우리 몸은 흙으로 돌아간다. 그러나 우리는 유기체 이상의 존재다. 예수님도 모든 사람은 영원히 존재하게 된다고 종종 말씀하셨다(눅 23:43).
3. 목적. **우리는 죽은 다음에서야 목적지에 도달하게 된다.** 그런데 그 목적지는 우리가 이 땅에서 예수님을 믿었느냐에 의해 결정된다. 예수님은 사후에 우리가 가게 될 곳은 천국과 지옥 두 군데뿐이라고 말씀하셨다(요 3:16-18, 14:2, 마 23:33).

4. **부활. 우리는 부활한 몸을 받게 된다.** 그런데 우리가 받은 이 새로운 몸은 영원히 죽음을 경험하지 않을 것이다(요 5:28-29, 또 고전 15장과 빌 3:21을 보라).
5. **보상. 우리는 이 땅에서 무엇을 했느냐에 따라 영원에 대한 보상도 받고 보응도 받게 된다.** 믿는 자들과 믿지 않는 자들은 모두 왕좌에 앉아 계시는 예수 그리스도께 심판받을 것이다. 이 심판에 따라 천국에서 받을 보상의 정도와 지옥에서 받을 보응의 정도가 결정될 것이다(요 5:22, 고후 5:10, 계 20:11-15, 마 11:21-22, 23:14).
6. 영원. 우리는 이 땅에서 우리가 가졌던 믿음과 행했던 행동의 결과를 거두게 될 것이다. 그리고 하나님의 임재 안에서 혹은 부재 안에서 영원히 살게 될 것이다(마 25:46).

이 여섯 가지 사건을 일렬로 나열해보라. 그리고 나머지 모든 사건을 결정짓는 어떤 한 가지 사건이 있는가를 물어보라. 분명, 우리 삶의 어떤 한 가지 사건이 영원에 대한 모든 것을 결정짓는다는 것을 보게 될 것이다.

「하나님이 상 주시는 삶」에서도 나는 시간의 선을 다음과 같이 그려 보라고 제안했었다.[1]

| 삶 | 우리의 영원 속에서 일어나는 모든 사건 |

이 그림에서 점은 이 땅에서의 우리 삶을 상징하고, 선은 영원 및 예수님이 영원 속에서 일어나게 될 것이라고 계시한 모든 사건을 상징한다. 이 그림은 점(우리의 삶)에서 한 행동들과 선(우리의 영원)에서 일어난 결과들 사이에 존재하는 원인과 결과의 관계를 보여준다.

즉 점거의 70년 가량 되는 우리 삶에서 일어나는 모든 사건이 우리의 영원에 대한 모든 것을 결정짓는다.

이 땅에서의 삶을 이런 식으로 생각해본 적이 있는가? 아마, 많은 사람들이 이 사실을 알고 깜짝 놀랄 것이다. 왜냐하면, 우리가 영원히 살 것이라는 진리가 지금 여기, 즉 눈을 멀게 하는 현실 속에서 많이 잃어버려졌기 때문이다. 사단은 상황이 이런 식으로 흘러가는 것을 무척 좋아한다.

나는 여러분이 이 진리를 마음 깊이 새기기를 바란다. 언젠가는 여러분도 이 세상을 살아가며 한 일에 대해 여러분을 가장 많이 사랑하시는 하나님께 설명을 드려야 할 때가 올 것이다. 그리고 그 다음에 일어나는 일은 영원히 계속해서 여러분의 삶을 완전히 바꿀 것이다.

 내 보상의 일기

오늘이 영원을 위해 살 수 있는 마지막 기회라면, 나는 오늘을 어떻게 살겠는가? 영원이라는 큰 그림에 비추어볼 때, 내 우선순위 목록에서 이번 주에 자리를 바꿔야 할 것은 무엇인가?

스스로 속이지 말라
하나님은 만홀히 여김을 받지 아니하시나니
사람이 무엇으로 심든지 그대로 거두리라
자기의 육체를 위하여 심는 자는 육체로부터 썩어진 것을 거두고
성령을 위하여 심는 자는 성령으로부터 영생을 거두리라
우리가 선을 행하되 낙심하지 말지니
피곤하지 아니하면 때가 이르매 거두리라.

갈라디아서 6:7-9

첫째 주

보상의 약속

보상은 그것에 대해 생각만 해도

기쁨을 주체할 수 없는 것이어야 한다.

그리고 장차 받을 보상을 생각하며 기뻐하고 즐거워하는 것이

기독교 신앙에 거스른다고 생각해서는 안 된다.

존 번연(John Bunyan), 「천로역정(Pilgrim's Progress)」 중에서

Day 1

예수님이 주시는 임금

*내 이름을 위하여 집이나 형제나 자매나 부모나 자식이나
전토를 버린 자마다 여러 배를 받고 또 영생을 상속하리라.*
마태복음 19:29

한번은 기업 중역들을 대상으로 보상에 대한 성경적 가르침에 대해 강의한 적이 있었다. 그때 나는 백 달러짜리 지폐 뭉치를 연단에다 쿵 하고 떨어뜨리며 이렇게 말했다. "저는 오늘 여러분에게 아주 이상한 제안을 하나 하겠습니다. 여러분이 이 방을 한 바퀴 돌아서 제 앞을 지나치면 그때마다 백 달러짜리 지폐를 하나씩 드리겠습니다. 단, 화장실 가는 경우를 제외하고는 어떤 이유로도 이 방을 나가서는 안 됩니다. 다른 이유로 방을 나간다면 더 이상 이 게임을 할 의사가 없다는 것으로 받아들이겠습니다. 그러지 않고 계속해서 이 방을 돈다면, 저도 계속해서 돈을 지불하겠습니다."

"그런데 여러분은 제 서류 가방에 백만 달러가 들어 있다고 생각해

야 합니다. 그래야 제가 도망갈지도 모른다는 걱정 같은 건 하지 않을 테니까요."

이렇게 말한 뒤, 나는 방을 돌 준비가 된 사람은 손을 들어보라고 했다. 그런데 모두 손은 안 들고 대신 웃음을 터뜨렸다. 얼마 뒤, 회장 부부와 그 단체 행정 위원들이 자리에서 일어났다. 그들은 연단 위에 놓인 돈이 내 제안을 받아들일 만한 충분한 동기 부여가 된다는 데 동의했다.

"만일 제가 정말로 여러분께 돈을 드린다면, 여러분 가운데 과연 몇 분이나 계속해서 이 방을 돌까요?" 이번에는 좀더 많은 웃음이 터져나왔다. 그들은 내가 약속만 지킨다면, 몇 시간 동안 혹은 며칠 동안 걸어다닐 수 있다고 각자 주장하기 시작했다.

그래서 이번에는 이렇게 물어보았다. "그렇다면, 여러분 가운데 '야, 이거 너무 큰 희생인 걸!' 이라고 말하면서도 지쳐 쓰러질 때까지 계속해서 걸을 사람이 과연 얼마나 될까요?"

그러자 방이 잠잠해졌다. 이 기회를 놓치지 않고 나는 내 제안이 영원한 보상이라는 진리에 대해 무엇을 암시하는 것 같냐고 물었다. 그러자 한 여성이 말했다. "우리가 하나님을 위해 한 일에 대해 하나님이 그렇게 관대하게 보답해주신다면, 그건 희생이 아니죠. 그렇지 않나요?"

정곡을 찌른 대답이었다. 그렇다. 이 세상을 살아가는 동안 하나님은 우리의 모든 것을 요구하신다. 우리의 주의, 충성, 노력, 시간 등 모든 것을 요구하시는 것이다. 그러나 대신 하나님은 우리에게 개인적이고도 관대하게 그리고 영원히 보상해주겠다고 약속하신다.

우리는 하나님이 창조주이자 보호자이며 공급자이고 구원자라고 생각한다. 그런데 혹 하나님을 고용주 혹은 임금 지불자라고 생각해 본 적이 있는가? 하나님을 우리 고용주라고 생각할 수도 있다니, 좀 놀라운 일인 것 같다. 그러나 예수님은 그분이 주시는 보상은 실제적이라고 분명히 말씀하셨다.

예수님이 보상에 대해 사용하신 맨 처음 단어는 산상수훈에서 찾아볼 수 있는데, 그것은 그리스어로 '미스소스(misthos)', 즉 임금(삯)이다.

"그날에 기뻐하고 뛰놀라 하늘에서 너희 상이 큼이라.".
누가복음 6:23

오늘, 이 말씀에 귀를 기울이기 바란다. 하늘나라의 대장이신 하나님은 여러분에게 말씀하신다. "만일 네가 나의 사역 팀에 합류한다면, 네가 나를 볼 때 내가 임금을 지불할 것이라는 사실을 네가 알았으면 좋겠구나."

하늘나라에서의 보상에 대해 예수님이 두번째로 사용하신 단어는 '아포디도마이(apodidomai)'다. 이는 '되돌려'를 의미하는 '아포(Apo)'와 '주다'를 의미하는 '디도마이(didomai)'를 합쳐서 생긴 합성어다. 즉 '아포디도마이'는 '되돌려준다'는 것을 의미한다.

"저희가 갚을 것이 없는고로 네게 복이 되리니 이는 의인들의 부활 시에 네가 갚음을 받겠음이니라."

누가복음 14:14

예수님은 '아포디도마이'를 받는 것은 우리가 누군가에게 무엇을 주었을 경우, 그들이 우리에게 진 빚을 갚는 것이라고 말씀하신다.

예수님은 우리를 하나님의 왕국에서 섬기라고 부르셨다. 그러나 그 이유를 우리는 단지 추측할 수밖에 없다. 그분은 아신다 …

예수님은 영원을 직접적으로 아신다.

예수님은 우리의 독특한 삶과 상황의 목적을 온전히 아신다.

예수님은 우리가 그분을 위해 하는 모든 일들, 즉 우리가 낯선 사람에게 작은 친절을 베풀었든, 순교지에서 피를 흘렸든 우리에게 베풀 보상을 쌓아두고 계신다.

예수님은 우리에게 보상하기 위한 그분의 계획을 일단 우리가 천국에서 깨닫기만 한다면 우리를 기뻐 뛰게 하고 우리가 한 모든 희생을 우리 기억 속에서 영원히 씻어내버릴 것이라는 사실을 아신다.

또한 우리가 후회할 일은 그분을 좀더 많이, 좀더 오래, 좀더 진실하게 그리고 좀더 크고 좀더 기쁘게 섬기지 못한 것뿐일 것이라는 사실도 아신다.

예수님이 이 땅에 오신 것은 우리 미래에 대해 그분이 아는 것을 알려주기 위해서다. 따라서 여러분과 내가 우리 앞에 놓인 하루에 대해 물어볼 수 있는 가장 중요한 질문은 이것이다. "그리스도가 주실 보상을 최대화하기 위해 나는 다음 열두 시간을 어떻게 투자해야 할까?"

내 보상의 일기

"사랑의 주님, 지금부터 영원까지 당신을 위해 하는 모든 일을 더 이상은 큰 희생으로 보지 않겠습니다."

또 주께서 우리가 너희를 사랑함과 같이
너희도 피차간과 모든 사람에 대한 사랑이 더욱 많아 넘치게 하사
너희 마음을 굳게 하시고 우리 주 예수께서
그의 모든 성도와 함께 강림하실 때에 하나님 우리 아버지 앞에서
거룩함에 흠이 없게 하시기를 원하노라.

데살로니가전서 3:12-13

Day 2

지금을 보지 마라

*믿음으로 모세는 장성하여 바로의 공주의 아들이라 칭함을 거절하고
도리어 하나님의 백성과 함께 고난받기를
잠시 죄악의 낙을 누리는 것보다 더 좋아하고
그리스도를 위하여 받는 능욕을 애굽의 모든 보화보다 더 큰 재물로 여겼으니
이는 상 주심을 바라봄이라.*
히브리서 11:24-26

최근에 나는 아프리카로 가서 3,500명의 목사와 교회 지도자들이 모인 가운데 1주일 가량 세미나를 인도한 적이 있다. 그들은 하나님을 사랑했고 신실하게 그분을 섬겼다. 그런데 불행하게도 그들은 아주 안 좋은 오해를 하고 있었다. 어쩌면 여러분도 그런 오해를 하고 있을지 모르겠다.

그것을 '시간 맞추기의 실수'라고 부르도록 하자. 그들은 대부분 자기들이 하나님을 섬기면 하나님이 이 땅에서 건강과 부유함으로

보상해주실 것이라고 생각하고 있었다.

"여러분이 믿는 것이 사실이라면, 그것을 입증할 만한 증거가 있어야 합니다. 하나님은 항상 그분이 말씀하신 것을 지키시니까요." 나는 분위기를 살피며 이렇게 물었다.

참석한 모든 사람이 고개를 끄덕였다.

"그렇다면, 여러분 가운데 자기 삶에서 수많은 시간을 하나님께 희생적으로 드린 사람은 얼마나 될까요? 자신이 그랬다고 생각하시는 분은 손을 들어주십시오."

강의실 여기저기에서 손이 올라왔다.

그래서 이번에는 좀더 어려운 질문을 던져보았다. "그렇다면, 성경이 가르치는 대로 부자가 되신 분은 몇 분이나 됩니까? 손을 들어 표시해주십시오."

이번에는 단 한 사람만이 손을 들었다.

나머지는 모두 충격에 휩싸인 표정이었다. 그러나 곧이어 깨달음으로 인도해주는, 궁극적으로는 자유를 맛보게 하는 대화가 뒤따랐다. 그날 토론의 표면에 떠오른 가장 고통스러운 발견 가운데 하나는 그 모임에 참석한 모든 사람들이 저마다 하나님이 이 세상에서 부유하게 만들어주지 않은 사람은 자기 혼자뿐이라고 생각하고 있었다는 것이다. 게다가 그들은 자신이 아주 큰 실수를 저질렀기 때문에 하나님이 복을 주시지 않은 것이라고 생각하고 있었다. 잘못된 믿음의 결과로 그들이 겪었을 의심과 절망이 얼마나 컸을런지는 쉽게 상상할 수 있을 것이다.

예수님이 말씀하신 영원한 보상을 지금 당장 받는 것은 아니다. 그러나 이 다음에 천국에 가면 반드시 받게 된다. 그렇다. 거룩한 삶은 우리에게 어마어마한 유익을 가져다줄 것이다. 왜냐하면, 지금 우리는 지혜와 진리 위에 삶을 세우고 있기 때문이다. 그렇다. 하나님은 기도에 응답해주신다. 그리고 그분을 섬긴 대가로 이생에서 우리에게 아주 풍성하게 보상해주실 수도 있다. 그분은 '금세'와 '내세'에서 우리에게 보상해주신다(막 10:30).

그러나 우리가 한 일에 대한 그분의 가장 큰 보상은 그것이 가장 중요해지는 때에 천국에서 우리에게 온다. 이 보상은 신약 성경의 기자들과 마찬가지로 예수님이 가장 많이 말씀하신 것으로, 지금 우리의 우선순위를 근본적으로 바꾸어줄 것이다.

그럼에도 불구하고 우리는 우리를 향한 하나님의 신실하심과 관대하심을 지금 우리 눈앞에서 벌어지는 일로 판단할 때가 얼마나 많은가! 또한 우리가 올바른 일을 하면 하나님이 지금 이 곳에서 우리에게 축복해주고 혹은 보상해주실 것이라는 설교 말씀을 목사님들로부터 얼마나 많이 듣는가!

예수님이 주시는 진리를 받아들이라. 그러면 그 순간, 새로운 자유와 확신을 경험하게 될 것이다.

모세는 하나님이 장래에 해주실 보상을 믿었다. 이스라엘의 첫번째 지도자였던 그의 이 믿음은 역사의 흐름을 바꾸어놓았다. 그는 바로의 왕궁에서 왕족으로 살아갈 수도 있었다. 그러나 히브리서 11장은 그가 이 미래의 영광을 거부했다고 말한다. "그리스도를 위하여 받는 능욕을 애굽의 모든 보화보다 더 큰 재물로 여겼으니 이는 상주심을 바라봄이라"(26절). 그는 하나님이 약속하신 말씀은 꼭 지키실 것이라는 사실을 믿었다. 그래서 40년 간 광야 생활을 하며 수많은 배반과 위험과 공격을 당하면서도 쓰러지지 않을 수 있었다.

구원도 받고 보상도 받기 위해 그리스도를 믿는 것은 우리에게 믿음을 요구한다. 그러나 한편으로 생각해보면, 매일매일의 삶 자체가 믿음을 요구한다. 직장에 취직해서도 처음 한 달 간은 월급 한 푼 받지 않고 일만 해야 한다. 그럴 때 우리는 믿음에 의지해 산다. 은퇴 후 투자 수익에 의지해 생활하기로 할 때도 우리는 믿음에 의지해 산다. 운동 시합에서 최고의 기량을 발휘하기 위해 몇 시간씩 고된 훈련을 거듭할 때도 우리는 믿음에 의해 산다. 한번은 헬스클럽에 갔더니, 어떤 사람이 '지금 열심히 운동하고 나중에 신나게 놀자'는 글씨가 새겨진 티셔츠를 입고 운동하고 있었다. 참 마음에 들었다.

그러나 영원에 대해 이야기할 때 우리는 이 진리를 쉽게 놓쳐버리는 경향이 있다. 지금 이곳에서 정의나 유익을 경험하지 못하면, 하나님의 신실하심을 의심하기 시작하는 것이다. 심지어는 하나님이 하라고 하신 일을 굳이 하려고 할 필요가 없다는 결론을 내리기도 한다.

아까 모세에 대한 이야기가 나왔던 히브리서 11장 앞부분이 "믿음이 없이는 기쁘시게 못하나니 하나님께 나아가는 자는 반드시 그가 계신 것과 또한 그가 자기를 찾는 자들에게 상 주시는 이심을 믿어야 할지니라"(6절)고 말하고 있는 이유도 이 때문이다. 당신은 어떤가? 하나님의 선하심을 의심하고 있지는 않은가? 그분이 당신의 삶에 은총을 베푸시리라는 것을 믿는가? 어쩌면 여러분은 하나님이 보상해주시는 때와 관련된 문제를 해결해야만 할지도 모르겠다.

하나님은 우리가 지금 그분을 위해 열심히 일하기 바라신다. 또한 우리가 처한 상황을 하나님의 성품에 대한 증거로 보지 말고 오직 그분이 약속해주신 놀라운 미래만을 바라보기 원하신다.

 내 보상의 일기

나는 내가 한 선한 일에 대해 하나님이 보상해주시는 때를 잘못 이해한 적이 없는가? 그분의 신실하심에 대해 새롭고도 더 큰 믿음을 가진다면, 그것이 오늘 내 삶의 방식을 어떻게 변화시킬 수 있겠는가?

> 너희에게 인내가 필요함은
> 너희가 하나님의 뜻을 행한 후에 약속을 받기 위함이라
> 잠시 잠깐 후면 오실 이가 오시리니 지체하지 아니하시리라
> 오직 나의 의인은 믿음으로 말미암아 살리라.
>
> 히브리서 10:36-38

성경은 처음부터 끝까지 보상에 대한 제안으로 가득 차 있다.
그리고 위대한 인물들은 보상을 기대했으며, 거기에 의지해 행동했다.

조시아 프랫(Josiah Pratt)

아들 안에서 사역하기

Day 3

사람이 나를 섬기려면 나를 따르라
나 있는 곳에 나를 섬기는 자도 거기 있으리니
사람이 나를 섬기면 내 아버지께서 저를 귀히 여기시리라.
요한복음 12:26

    최근에 나는 굉장한 재력가 두 사람과 같이 식사를 한 적이 있다. 그들은 아주 선량했으며 오래도록 예수님을 따른 사람들이었다. 게다가 관대하기 이를 데 없었으며 사회에 대한 참여도도 높았다. 그 두 사람이 운영하는 기업은 수많은 사람들의 삶과 세계 각국의 경제에 영향을 미쳤다. 그런데 안타깝게도, 이 두 사람은 영원한 보상에 대해서는 별로 깊이 생각해본 적이 없는 것 같았다. 그래서 나는 이 부분과 관련하여 그들이 이해할 수 있는 방식으로 접근해가기로 했다.

    나는 아주 조심스럽게 말을 꺼냈다. "두 분의 회사 직원들은 매달 말에 자기 급여가 얼마나 나올지 다들 잘 알고 있겠죠? 제 말은 직원들은 두 분이 다양한 액수의 급여를 여러 장의 종이에 적어 모자에 섞어 넣고는 그 가운데서 하나를 꺼내며 그게 그들의 이번 달 월급이라고 해주기를 기대하지는 않을 것이라는 얘기죠." 그러자 두 사람 모두 웃었다.

나는 계속해서 물었다. "그리고 모르긴 해도, 두 분은 회사의 모든 직원들을 상대로 업무 수행 능력 평가를 정기적으로 하고 있을 것 같은데요. 아니면, 몇몇 직원들에 대해서만 그렇게 하나요?"

그러자 그들은 부사장들 이하 모든 직원에 대해 업무 수행 능력 평가를 한다고 했다.

그래서 이번에는 이렇게 물었다. "그러면 두 분은 직원들이 자기가 관심 있는 분야의 일을 얼마나 잘하느냐에 근거해 보상해줍니까, 아니면 두 분 회사에서 요구하는 일을 얼마나 잘 해내느냐에 근거해 보상해줍니까?"

하워드(Howard)와 칼(Karl)은 내가 무언가 중대한 이야기를 하려 한다는 것을 알아챘다. 칼이 이렇게 말했다. "그들이 저희 회사에서 맡긴 일을 얼마나 잘해내느냐에 근거해서만 보상해줍니다."

그래서 이번에는 이렇게 물어보았다. "그러면 직원들의 전체적인 성과를 평가할 때 그들의 선한 의도를 봅니까, 아니면 결과를 봅니까?"

두 사람은 입을 모아 말했다. "결과를 보죠."

"그런데 왜 하나님은 우리에게 그렇게 하지 않으실까요? 만일 하나님이 현명하고 선하시다면, 왜 지금 우리가 이야기를 나눈 모든 것을 우리에게 적용하지 않으시는 걸까요?"

두 사람은 잠시 생각에 잠기는 듯하였다. 이윽고, 하워드가 입을 열었다. "전 하나님이 제게 바라시는 것은 예수님을 믿고 선한 삶을 살려고 노력하는 것이라고 믿어왔어요. 그래서 제가 할 수 있는 것은 거기까지라고 생각하며 결과는 항상 그분께 맡겼어요." 그리고 잠시 후에 이렇게 덧붙였다. "그렇지만, 저는 회사를 그런 식으로 경영하지는 않습니다."

대체 하나님은 어떤 상사이실까? 하나님은 당신의 '직원'인 우리가 어떤 업적을 달성하기 바라실까?

그런데 실은 내가 아는 다른 그리스도인들 가운데도 하나님이 기업을 어떻게 경영하시는지에 대해 하워드나 칼보다 더 잘 알거나 더 명확한 견해를 소유하고 있는 사람은 거의 없다. 평생 교회를 다닌 사람들조차도 이 점에 대해서는 별로 나을 게 없다.

영적인 목적을 기업 용어로 생각하려니 조금 불편한가? 하나님을 고용주로 생각하는 것이 하나님에 대한 전체적인 묘사는 될 수 없을지 몰라도, 그것이 유익하고 참된 것은 사실이다. 예수님도 그분이 우리에게 무엇을 원하시는지 보여주기 위해 종(피고용인)과 주인(고용주)에 대한 이야기를 계속해서 들려주셨다.

하나님은 우리의 '고용주'이시다. 그분은 하워드나 칼의 기업을 길거리에서 레모네이드나 파는 가판대처럼 보이게 하는 사업이나 계획에 대해 전적인 책임을 지고 계신다. 하나님은 분명한 목적을 갖고 계신다. 성경은 하나님이 당신의 목적이 성취되는 것을 얼마나 보기 원하시는지를 보여주는 증거들로 가득 차 있다.

그렇다면, 하나님이 진정 원하시는 것은 무엇일까?

하나님은 이 세상 전부를 원하신다. 하나님은 이 세상을 위해 당신의 독생자의 생명을 포기하셨다. 그분은 이 세상 구석구석을 만지기 원하신다. 그리고 이 세상 모든 사람을 새로운 생명에 대한 약속으로 어루만지신다. 하나님은 여러분과 나를 이 임무에 없어서는 안 되는 아주 중요한 사람으로 부르신다. 그분은 우리 한 사람 한 사람을 심판날까지 인도해주실 것이며 보상도 해주실 것이다. 하나님은 우리가 그분을 섬길 때, 그에 대한 보상으로 우리를 영원히 축복해주실 것이라고 분명히 말씀하신다.

예수님이 제자들에게 만약 그들이 하나님께 투자하면 백 배로 보상해주겠다고 약속하시며 무엇을 요구하셨는지를 생각해보라. 그분은 그들의 전부를 원하셨다.

베드로의 말대로 그들은 "모든 것을 버리고 주를 좇았다"(마

19:27). 그 과정에서 그들은 시련과 반대와 박해 그리고 심지어는 죽음까지도 직면했다. 예수님은 그런 중대한 평생의 사명이 그 만한 가치가 있다는 것을 그들이 의심하기 바라셨을까? 물론, 한순간도 그러지 않으셨다.

당신은 예수 그리스도를 자신의 구세주로 알고 있는가? 예수님은 당신의 평생을 그분의 일을 하는 데 보내기 원하신다. 그리고 그것이 정말로 가치 있는 일임을 우리가 알기 바라신다. 우리는 마음과 영혼과 뜻을 다해 하나님을 섬기고 예수님이 원하시는 것을 성취하기 위해 애쓰라는 부름을 받고 있다.

그분은 지금도 여전히 이 세상 전부를 원하신다.

내 보상의 일기

"사랑의 주님, 그동안 저는 주님이 어떤 특별한 이유로 저를 고용했다는 것을 이해하지 못했습니다. 제가 당신께 책임 있는 존재라는 것도 이해하지 못했습니다. 오늘 저는 _____ 하겠습니다."

내가 지금까지 한 생각 중에 가장 중요한 것은
하나님께 대한 내 개인적인 책임에 대한 것이었다.

다니엘 웹스터(Daniel Webster)

"그러므로 너희는 가서 모든 족속으로 제자를 삼아
아버지와 아들과 성령의 이름으로 세례를 주고
내가 너희에게 분부한 모든 것을 가르쳐 지키게 하라
볼지어다 내가 세상 끝날까지 너희와 항상 함께 있으리라."

마태복음 28:19-20

Day 4

양탄자 살 돈으로

또 우리 사람들도 열매 없는 자가 되지 않게 하기 위하여
필요한 것을 예비하는 좋은 일에 힘쓰기를 배우게 하라.
디도서 3:14

　신혼 때 아내와 나는 수개월 동안 정수기 통에 동전을 모았다. 우리는 그것을 '꿈의 병'이라고 불렀다. 그때 우리 집은 마룻바닥이 너무 차갑고 딱딱해 그 위에 양탄자를 까는 것이 꿈이었다.

　그런데 한번은 선교사 몇 명이 우리 집을 방문해 주말을 우리와 함께 보내게 됐다. 그들은 몇 년씩 해외에서 선교사로 사역하며 가난한 사람들과 함께 생활했다. 그러다가 어느 모임으로부터 연사로 참석해달라는 초청을 받고 우리 동네에 오게 되었다. 그런데 그들이 짐을 풀며 강연에서 입으려고 가져온 옷을 꺼내는 것을 보고 아내와 나는 깜짝 놀랐다. 옷이 너무 초췌해서 눈물이 날 정도였다.

순간, 아내와 나는 서로 눈이 마주쳤다. 그리고 둘 다 '저 옷을 입고 갈 수는 없을 거야'라고 생각했다. 그러나 그들은 돈이 없었다. 우리 역시 돈이 없었다. 그때 우리에게 있는 돈이라고는 그 '꿈의 병'에 있는 동전이 전부였다.

 침실로 돌아온 아내와 나는 아무 말도 하지 않았다. 그 돈은 양탄자를 사려고 소중히 모아온 것이라, 정말이지 잃고 싶지가 않았다. 하지만 한편으로는 그들에게 멋진 양복을 사주고 싶은 소망이 너무도 간절했다. 아무 말없이 얼마간 앉아 있으니까, 예수님이 우리에게 무엇을 원하시는지 분명하게 느껴졌다. 그리고 감사하게도, 우리는 올바른 결정을 내렸다.

 그분들이 말쑥한 새 옷 차림으로 주일 설교를 하는 모습을 여러분도 보았어야 하는데! 양탄자를 사려고 모았던 그 돈은 결국 그분들 양복을 사는 데 쓰이고 말았지만, 양탄자를 사서 우리집 마룻바닥에 깔아둔 것보다 훨씬 큰 따뜻함을 우리 부부에게 안겨주었다. 덕택에 우리는 그해 겨울을 차가운 마룻바닥에서 덜덜 떨면서 지내야 했다. 그러나 그분들에게 양복을 사드린 것은 한순간도 후회하지 않았다.

 "하나님이 보상해주시는 일이란 과연 어떤 거죠?"라는 질문을 받을 때마다 나는 양탄자를 살 돈으로 그분들에게 양복을 사드렸던 것을 떠올린다. 그때 아내와 나는 예수님이 우리 행동에 보상해주겠다고 약속해주셨다는 것도 알지 못했었다. 그러나 그것이 하나님이 우리에게 원하시는 것이며 우리가 순종할 때 하나님이 기뻐하시리라는 것을 본능적으로 알았다.

지금 이 시간, 하나님이 우리에게 원하시는 것을 하게 되면 영원 속에서 그분께 보상받는 삶을 살게 된다. 대부분의 사람들은 하나님을 위한 선한 일이 어떤 모습을 하고 있는지 알고 있다. 비록 그들에게 보상해주겠다는 그분의 계획에 대해서는 잘 모르더라도 말이다.

오늘 본문은 선한 일이란 '긴급한 요구'를 충족시키는 것이라고 말한다. 성경에는 이에 대한 많은 예가 나온다. 배고픈 사람을 먹이고, 평화와 정의를 위해 일하며, 낯선 사람에게 길을 안내해주고, 아프고 약하고 버림받은 사람과 고아와 과부 그리고 가난한 자들을 돌봐주는 것이 여기에 해당한다. 성경은 영적으로 중요한 일도 성취하라고 격려하는데, 여기에는 복음을 전하는 것(행 10:42), 제자 삼는 것(마 28:19), 서로의 짐을 지는 것(갈 6:2), 권위자를 위해 기도하는 것(딤전 2:1-2) 그리고 선교를 후원하는 것(고후 9:12-13) 등이 해당된다.

선한 일이란 하나님의 나라를 확장하고 그분께 영광을 돌리겠다는 올바른 이유로 하는 일들을 말한다. 우리는 하나님이 원하시는 일을 하려고 할 때마다 자신을 그분의 의지 중심에 놓는다. 우리가 하나님의 가장 큰 능력과 기쁨 그리고 우리 자신의 가장 큰 성취감을 경험하는 곳은 바로 그곳이다. 그리고 하나님이 후에 우리에게 가장 큰 보상을 해주겠다고 약속해주시는 곳도 바로 그곳이다.

그러나 하나님이 보상해주시는 선한 사역은 좋은 의도, 친절한 생각, 즐거운 영적 감정 이상의 것이다. 그런데 우리는 주일 예배 시간에 느끼는 좋은 감정을 선한 사역과 너무도 쉽게 혼동한다. 혹은 교회나 공동체에서 몇 시간씩 있는 것을 선한 사역이라고 생각하기도 한다. 그 안에 있으면 기분도 좋아지고 다른 사람들에게 존경도 받을 수 있기 때문이다.

어쩌면, 바울이 갈라디아서에서 "각각 자기의 일을 살피라"(6:4)고 권고한 것도 이 때문이었는지 모르겠다. 우리는 지혜롭게 생활해야 한다. 그리고 예수님처럼, 항상 하나님 아버지의 마음으로 하나님 아버지의 일을 돌보고 있는지(요 5:17) 자주자주 확인해야 한다.

하나님은 우리가 가진 모든 자질과 기회를 이용해 그분을 섬기기 원하신다. 그리고 그렇게 하기 위해 도전적이고도 중요한 계획을 세우고 계신다. 그런데 그 계획이 어쩌면 여러분의 꿈의 병 안에 있는 것이 아닐 수도 있다.

우리가 어떤 긴급한 필요를 발견해, 그 필요를 충족시키기 위해 우리 손에 꼭 움켜쥐고 있는 것을 내놓을 때 우리는 비로소 하나님나라의 사역을 시작하게 될 것이다. 그리고 즐기게 될 것이다. 내 경험으로는 그랬다.

내 보상의 일기

오늘 다른 사람들의 삶에서 내가 볼 수 있는 긴급한 필요들에는 어떤 것이 있을까? 어떻게 하면 그 필요들을 충족시켜줄 수 있을까?

> 인간에게는 두 가지 큰 영적 필요가 있다.
> 하나는 용서하는 것이고
> 다른 하나는 선한 일을 하는 것이다.
>
> 빌리 그래함(Billy Graham)

그분의 일과 우리의 일

예수께서 이르시되
나의 양식은 나를 보내신 이의 뜻을 행하며
그의 일을 온전히 이루는 이것이니라.
요한복음 4:34

예수님이 하나님을 위한 일에 얼마나 열정적이었는지를 눈여겨본 적이 있는가? 겨우 열두 살밖에 안 되었을 때 예수님은 마리아와 요셉에게 "내가 내 아버지 집에 있어야 될 줄을 알지 못하셨나이까"(눅 2:49)라고 말씀하셨다. 공생애를 처음 시작하실 때는 "나의 양식은 나를 보내신 이의 뜻을 행하며 그의 일을 온전히 이루는 이것이니라"(요 4:34)고 당신이 하셔야 할 일을 묘사하기도 하셨다.

그리고 생을 마감하실 때는 "아버지께서 내게 하라고 주신 일을 내가 이루어 아버지를 이 세상에서 영화롭게 하였사오니"(요 17:4)라고 기도하셨다. 우리를 구원하시려는 예수님의 사역은 십자가에서 완성

되었다. 그래서 예수님은 "다 이루었다"(요 19:30)고 외치실 수 있으셨다.

예수님이 십자가에서 이루신 일을 도와주거나 거기에 무언가를 더하기 위해 우리가 할 수 있는 일은 하나도 없다. 그러나 우리는 예수님의 도움 없이는 우리의 일을 성취할 수가 없다. 예수님은 제자들에게 '많은 열매'를 원한다고 말씀하시며 "나를 떠나서는 너희가 아무 것도 할 수 없음이라"(요 15:5)고 경고하셨다.

따라서 우리가 하는 모든 선한 일의 바탕에는 하나님의 권능이 있어야 한다. 그렇지 않으면, 그것은 아무런 가치가 없다. 예수님이 풍성한 삶의 비결은 그분 안에 거하는 것이라고 계시하신 것도 이 때문이었다. "나는 포도나무요 너희는 가지니 저가 내 안에, 내가 저 안에 있으면 이 사람은 과실을 많이 맺나니"(요 15:5). 이 말은 예수님과의 친밀한 관계 안에 머물 때만 하나님의 보상을 받을 수 있는 일을 할 수 있다는 의미다.

바울은 고린도 교회 교인들을 위해 이 진리를 놀랍게 묘사해주었다. "하나님이 능히 모든 은혜를 너희에게 넘치게 하시나니 이는 너희로 모든 일에 항상 모든 것이 넉넉하여 모든 착한 일을 넘치게 하게 하려 하심이라 기록한 바 저가 흩어 가난한 자들에게 주었으니 그의 의가 영원토록 있느니라"(고후 9:8-9).

하나님의 관대하심과 사랑에 대한 이 얼마나 놀라운 그림인가! 하나님은 우리가 선한 일을 할 수 있게 해주신다. 그리고 우리가 하나님의 사랑을 갚아드릴 수 있을 만큼 그분을 사랑할 수는 없다 해도, 우리가 하나님을 위해 한 모든 일에 대해 우리에게 보상해주신다.

아래 도표에서 볼 수 있다시피, 구원의 선물과 우리가 한 선한 일들에 대한 보상은 모두 하나님의 은혜의 표현이다. 그런데 우리는 구원과 보상을 모두 받을 자격이 없는 사람들이다. 구원과 보상은 모두 하나님의 관대하신 마음과 의지를 그 발원지로 한다.

구 원	보 상
그리스도가 나를 위해 일하셨다.	내가 그리스도를 위해 일했다.
나의 죽음과 동시에 심판대에서 일어난다.	나중에 영원의 심판대에서 일어난다.
내 삶이 어디서(천국이냐 지옥이냐) 끝나는가 하는 장소와 관련 있다.	나의 보상과 관련 있다.
죽기 전 예수님께 대한 내 믿음에 의해 결정된다.	죽기 전 하나님을 위해 무엇을 했는가 하는 내 행위에 의해 결정된다.
하나님의 은혜와 선하심 때문에 일어난다.	하나님의 은혜와 선하심 때문에 일어난다.

우리를 구원하시기 위해 하나님은 독생자의 생명이라는 비길 데 없는 선물을 베푸셨다. 그런 하나님이 우리가 구세주 예수님을 위해 한 일에 대해 보상해주기로 선택하신 것은 어쩌면 당연한 일이라 할

수 있다.

오늘 하루는 특별히 여러분을 향하신 하나님의 놀라운 사랑을 기억하기 바란다. 우리에게 영원의 문을 열어주시기 위해, 하나님은 구원이라는 분에 넘치는 축복을 주셨다.

우리는 언제든 하나님이 주시는 능력으로 그분을 위해 위대한 일을 할 수 있다. 당신은 하나님의 선물을 얼마나 귀히 여기는가? 그리고 그것을 보여드리기 위해 어떤 일을 할 수 있는가?

내 보상의 일기

지금까지 나는 하나님의 일을 성취하기 위해 그분의 능력에 얼마나 많이 의지해왔는가? 하나님 안에 거하며 그분의 임재 안에서 더 많은 시간을 보내는 것이 내가 '모든 선한 일'을 할 수 있도록 어떻게 나를 구비시켜주는가?

성 어거스틴은 우리가 선한 일에 근접한 일이라도
할 수 있는 것은 순전히 하나님의 은혜 때문이라고 말했다.
그리고 우리가 한 일 가운데 하나님께 보상받을 만큼
가치 있는 것은 하나도 없다고도 말했다.
하나님은 순종 혹은 불순종에 근거해

우리에게 보상해주기로 결정하셨다.
어거스틴은 이 사실을 하나님이 우리 안에서 하신 일에 대해
왕관을 씌우는 것이라고 표현했다.

R. C. 스프라울(R.C. Sproul)

Day 6
누가 내 치즈 케이크 먹었어?

*심는 이와 물 주는 이가 일반이나
각각 자기의 일하는 대로 자기의 상을 받으리라.*
고린도전서 3:8

　지금까지 영원한 보상을 위해 사는 것에 대해 이야기해왔는데, 여기에 대해 지금 여러분은 어떻게 느끼고 있는가? 예수님이 영원한 보상에 대해 뭐라고 말씀하셨는지를 발견하는 것은 참으로 놀라운 일이다. 그런데 그 놀라움을 극복하고 나면, 대부분의 사람들은 '어떤 동기로 그런 선한 일을 했는가'라는 장벽에 부딪히게 되는데, 이것은 극복하기가 그리 쉽지 않다. 이럴 때 사람들은 대부분 이렇게 생각하고 싶어한다. '나는 하나님을 사랑하기 때문에 그분을 섬기는 게 좋아서 그랬어. 보상 같은 건 원하지도 필요하지도 않아.'

　나는 언젠가 한 여성에게서 이런 말을 들었다. "저는 목사님이 보상에 대해 말씀하실 때마다 세속적인 것 같다는 느낌이 들어요."

여러분도 그렇게 느낀 적이 있는가? 그렇다면, 나는 오늘 여러분을 격려하고 싶다. 예수님을 따르는 것에 대한 동기 때문에 고심하고 있다는 것은 그 자체가 여러분에게 아주 좋은 면이 있다는 것을 말해주기 때문이다. 여러분은 올바른 이유로 올바른 일을 하고 싶어한다. 그리고 하나님과의 관계에 있어서도 진실함과 성실함에 각별히 신경 쓰고 있다. 또한 이기심이나 욕심이 조금이라도 보이는 것에 대해서는 지혜롭게 주의를 기울인다.

하나님의 보상을 바라는 것이 과연 이기적일까?

하나님은 우리를 한 가지 행동을 하더라도 다양한 이유로 할 수 있는 복잡한 존재로 창조하셨다. 그런데 사람들은 혼합된 동기와 다양한 동기를 혼동하는 경향이 있다. 혼합된 동기란 좋은 의도와 나쁜 의도가 함께 섞여서 우리 행동을 유발했음을 의미한다. 반면, 다양한 동기란 무언가를 할 때 단지 한 가지 선한 이유 이상의 이유로 하는 것을 의미한다. 대개 우리는 어떤 일을 할 때 한 가지 선한 동기만으로는 그 일을 하지 않는다. 여러 좋은 동기로 하는 것이다.

고린도후서 5장을 보면 바울 역시 세 가지 성경적인 방법으로 동기를 부여받았다는 것을 알 수 있다. 물론, 여기에는 보상에 대한 희망도 포함된다.

1. 보상에 대한 희망. "그런즉 우리는 거하든지 떠나든지 주를 기쁘

시게 하는 자 되기를 힘쓰노라. 이는 우리가 다 반드시 그리스도의 심판대 앞에 드러나 … 받으려 함이라"(9-10절).

2. 하나님에 대한 두려움과 그리스도 앞에서 지고 있는 책임에 대한 인식. "우리가 주의 두려우심을 알므로 사람을 권하노니 … "(11절).

3. 하나님에 대한 사랑. "그리스도의 사랑이 우리를 강권하시는도다 … "(14절).

바울에게는 이 세 가지 동기가 같이 있었다. 그래서 하나님을 섬기는 데 탁월하고도 강력하게 초점을 맞출 수 있게 했다. 자기가 보상 받으리라는 것을 알았다고 해서 바울의 동기를 이기적인 것이라고 할 수 있을까? 절대 그럴 수 없다.

오늘, 당신을 향한 하나님의 의지에 비추어 당신의 가슴과 마음을 들여다보라. 바울과 마찬가지로, 우리 역시 영원한 보상에 대해 순전하게 동기 부여될 수 있다. 그 이유로는 다음의 몇 가지가 있다.

영원한 보상은 하나님의 생각이지 우리의 생각이 아니다. 여러분이 자녀에게 어떤 일을 시키면서 그 일에 대해 금전적인 보상을 해주기로 했다고 가정해보자. 그러면 그 금전적 보상이 자녀에게 동기 유발제로 작용했을까봐 신경 쓰겠는가? 혹은 자녀가 돈을 받으러 왔을 때, "내가 정말로 돈을 줄 거라고 생각했다니, 어처구니없구나"라며

호되게 야단치겠는가? 물론, 아닐 것이다.

영원한 보상을 얻는 유일한 방법은 이기심을 버리는 것이다. 하나님을 위한 선한 일은 어떤 것도 이기적인 행동이 될 수 없다. 예수님은 바리새인들은 보상받지 못할 것이라고 하셨는데, 이는 그들의 동기가 잘못되었기 때문이다. 하나님은 이기적인 마음에는 절대로 보상하지 않으신다. 오직 이기심이 배제된 행동에만 보상하신다.

영원한 보상은 개인적이며 한계가 없다. 어떤 행동이든 자신을 다른 사람들 앞에 놓거나 자신이 가진 것을 다른 사람들이 나누어 갖지 못하게 할 때만 이기적인 행동이 된다. 예를 들면, 배우자가 먹고 싶어하는 줄 알면서도 마지막 남은 치즈 케이크를 먹는 것 같은 것이 그런 것이다. 그러나 하나님은 우리 각 사람에게 개인적으로 보상해주시며, 무한한 자비로 보상해주신다. 따라서 우리가 하나님께 보상받았다고 해서 우리 때문에 자신의 보상을 놓치는 사람은 한 사람도 없다.

하나님은 당신이 가지신 것으로 하고 싶은 일을 하실 수 있는 권리가 있다. 예수님은 품꾼의 비유에서 보상에 대한 하나님의 관점을 계시하셨다. 품꾼들이 포도원 주인에게 임금을 그런 식으로 계산하면 어떡하냐고 물었을 때, 하나님은 "내 것을 가지고 내 뜻대로 할 것이 아니냐 내가 선하므로 네가 악하게 보느냐"(마 20:15)라고 대답하셨다.

하나님이 우리를 시험에 빠지게 한다는 것은 불가능하다. 하나님께로부터 온 동기는 모두 순전하다. 그리고 조작됨이 없다(약 1:13). 우리가 하나님이 상 주시는 분이심을 믿고 그 믿음 안에서 행동해야 한다고 하나님은 말씀하셨다.

영원한 보상은 소수의 야심찬 그리스도인들을 위한 특별 상여금이 절대로 아니다. 그것은 하나님의 생각이며 그분의 계시된 진리다. 그러므로, 그분의 보상을 받기 위해 사는 것은 절대로 이기적인 것이 아니며, 선택적인 것도 아니다.

앞으로 며칠 동안은, 여러분이 갖고 있을 수 있는 질문들에 대해 상세히 살펴볼 것이다. 우리 삶을 향하신 하나님의 계획을 새롭고도 넓은 시각으로 볼 수 있을 때까지 말이다.

내 보상의 일기

이번 한 주 동안 나는 어떤 선한 일을 했는가? 세 가지만 생각해보자. 나는 어떤 다양한 선한 동기들을 갖고 있었는가? 그 동기들은 내가 한 일을 성취하는 데 어떤 도움이 되었는가?

보상의 당당한 약속들과 복음서에서 약속된

보상의 깜짝 놀랄 만한 본질에 대해 생각해본다면,
우리의 소망이 강하기는커녕 오히려 약하기만 하다는 것을
하나님이 이내 발견하시리라는 것을 쉽게 짐작할 수 있을 것이다.

C. S. 루이스(C. S. Lewis)

주께서 생명의 길로 내게 보이시리니
주의 앞에는 기쁨이 충만하고
주의 우편에는 영원한 즐거움이 있나이다.

시편 16:11

Day 7

세월을 아끼라

그런즉 너희가 어떻게 행할 것을 자세히 주의하여
지혜 없는 자 같이 말고 오직 지혜 있는 자 같이 하여
세월을 아끼라 때가 악하니라
그러므로 어리석은 자가 되지 말고
오직 주의 뜻이 무엇인가 이해하라.
에베소서 5:15-17

미켈란젤로가 서거한 후, 그의 작업실을 정리하던 한 인부가 그가 자기 제자에게 쓴 쪽지를 발견하게 되었다. 거기에는 이렇게 적혀 있었다. "안토니오, 그리고 또 그려라. 절대로 시간을 헛되이 보내지 마라!"

그 위대한 예술가는 자기 평생에 많은 것을 이루고자 애쓰는 사람에게는 시간이 친구이기도 하지만 또 적이기도 하다는 것을 알고 있었다. 이루고자 하는 목표가 가치 있는 것이라면, 단 한 시간도 헛되이 보내서는 안 되기 때문이다.

마찬가지로, 우리가 하나님을 위해 일하고 보상을 얻을 수 있는 기회에도 시간적 제한이 뒤따른다. 우리 심장의 고동이 멈추면, 그것도 끝나버리는 것이다. 그러나 우리가 하나님을 위해 한 일은 그 영향을 무제한적으로 영원토록 미친다. 그것은 영원을 통해 계속되기 때문이다. 따라서 바울이 세월을 아끼라는 말을 그렇게 많이 한 것은 조금도 놀라운 일이 아니다(엡 5:16, 골 4:5).

그러나 아무리 위대한 업적을 이루려고 노력했다 해도, 그 시간을 하나님을 위해 쓰지 않았다면, 결국은 시간 낭비라고 할 수 있다. 하지만 하나님을 위해 쓴 시간은 반드시 그분이 보상해주신다.

하나님은 위대한 성인이나 저명 인사를 찾지 않으신다. 그분은 여러분을 찾고 계신다. 오직 여러분만이 접촉할 수 있는 사람들이 있고 오직 여러분만이 갈 수 있는 장소가 있으며 오직 여러분만이 할 수 있는 말이 있기 때문이다. 하나님은 여러분이 처한 상황에도 불구하고가 아니라, 오히려 그 상황 때문에 여러분을 사용하고 싶어하신다. 세상 사람은 누구나 하루에 24시간밖에 갖고 있지 못하다. 그러나 노력 여하에 따라, 하나님을 위해 '구속할' 수 있는 창의적인 방법들을 발견하는 것에 그 시간들을 사용할 수 있다.

여러분 가운데는 집에서 갓난아기나 어린아이를 기르고 있는 전업주부도 있을 것이다. 여러분의 섬김의 범위와 영역은 하나님이 가장 잘 이해하신다. 하나님은 여러분이 기저귀를 갈아줄 때나 아이가 아파 밤새 간호하며 기도할 때 여러분이 하는 모든 희생을 보고 계신다.

그리고 집에서 멀리 떨어져 객지에서 학교를 다니는 대학생도 있을 것이다. 여러분이 커닝하지 않기로 선택할 때마다 그리고 반대에 직면해서도 자신의 신앙을 포기하지 않기로 결심할 때마다 하나님은 여러분을 눈여겨보시며 "기뻐하고 뛰놀라"(눅 6:23)고 말씀하신다.

어쩌면 여러분도 이 책을 읽으며 이제부터라도 하나님의 보상을 위해 사는 쪽으로 삶의 방향을 전환해야겠다고 생각하고 있을지 모르겠다. 그러면서도 마음 한켠으로는 성공할 수 있을 것 같지도 않고 모든 게 다 여러분에게 불리한 것처럼 느껴져 절망스러울지도 모르겠다. 그래서 당신처럼 어리석은 실수는 범하지 않는 사람들과 자신을 비교하며 깊이 낙심하고 있을지도 모르겠다. 혹은 당신이 하나님을 위해 무언가를 할 수 있는 기회가 능력이나 나이, 심지어는 주거지에 의해 심각하게 제한당하고 있다고 느낄지도 모르겠다.

그러나 바울도 썼다시피, 하나님을 위해 우리가 하는 일의 가치는 우리가 무엇을 안 갖고 있느냐가 아니라 무엇을 갖고 있느냐에 따라 결정된다(고후 8:12). 달란트의 비유에서 예수님은 우리가 받은 것으로 무엇을 했느냐에 따라 하나님이 우리를 판단한다고 말씀하셨다(마 25:14-30).

오늘 하나님은 여러분 속에 시작하신 선한 일을 완성하실 준비가 되어 있으시다(빌 1:6). 그러므로 주변을 둘러보고 여러분의 세계를 구성하고 있는 사람들과 그들의 필요들을 눈여겨보기 바란다. 「야베스의 기도」에서 우리는 그것들을 여러분의 '영역'이라고 불렀다. 그것은 여러분에게 속해 있다. 아니, 아주 큰 이유로 여러분 자신에게만 속해 있다. 그것은 하나님을 위해 여러분의 세계를 바꾸고, 하나님의 은혜로 말미암아 여러분 자신을 위해 여러분의 영원을 바꿀 수 있는 기회가 된다.

일하고 사랑하고 기도하고 베풀라. 그리고 하나님이 여러분에게 은사를 주어 그분을 위해 하게 하신 선한 일을 열심으로 하도록 하라.

그리고 절대 시간 낭비하지 말라.

내 보상의 일기

구속적이고 보상받을 만한 행동을 할 수 있음에도 불구하고 내가 계속해서 시간을 낭비하고 있는 영역은 무엇인가?

지금은 변화의 날이지만,
그때가 되면 아무것도 변하지 않을 것이다.

지금은 되어가는 날이지만,
그때는 내가 모든 영원을 위해 창조된 존재가 될 것이다.

얼 래드마처(Earl Radmacher) 박사

내가 기도하노라
너희 사랑을 지식과 모든 총명으로 점점 더 풍성하게 하사
너희로 지극히 선한 것을 분별하며
또 진실하여 허물 없이 그리스도의 날까지 이르고
예수 그리스도로 말미암아 의의 열매가 가득하여
하나님의 영광과 찬송이 되게 하시기를 구하노라.

빌립보서 1:9-11

둘째 주

베마의 복음

모든 사람들에게 그들이 했던 모든 일은

불로 연단되어야 한다는 것을 기억하게 하자.

그리고 심판의 날이 선포할 결정들을 기대하게 하자.

매튜 헨리(Matthew Henry)

Day 8
단 위에 선 사람

아버지께서 아무도 심판하지 아니하시고
심판을 다 아들에게 맡기셨으니
이는 모든 사람으로 아버지를 공경하는 것같이
아들을 공경하게 하려 하심이라.
요한복음 5:22-23

바울은 말년에도 여전히 앞을 향해 전진하고 있었다. 그는 심판자인 예수님 앞에 자신의 모습이 '그날'(딤후 4:8)에 나타나기를 간절히 바라고 있었다. 언젠가 마틴 루터는 자기 달력에는 오직 이틀밖에 없다고 말했다. 즉 오늘과 '그날' 밖에 없는 것이다.

그렇다면, 그날이란 무엇일까? 그날에 대한 것 가운데 여러분과 내게 가장 중요하고 위압적인 것은 무엇일까? 만일 그것이 심판자와의 약속이라면, 왜 모든 사람이 그것을 그토록 고대하는 것일까?

이번 주에는 심판날이 가장 중요하고 희망에 가득 찬 날이며 신약성경 가운데서 가장 큰 동기를 부여해주는 진리 가운데 하나라는 놀라운 생각에 대해 살펴볼 것이다.

그러면 나와 함께 꽃과 돌로 뒤덮인 그리스 남부의 들판으로 가 보자. 그곳은 옛 고린도 시의 폐허가 있는 곳으로, 비바람에 쓸린 대리석 조각들과 부러진 기둥들이 어지럽게 널부러져 있다. 그 위로는 지중해의 뜨거운 태양이 내리쬐고 있다. 시장이 있던 곳의 중앙 광장에 들어가보면, 주위보다 높게 서서 위풍당당한 모습을 뽐내고 있는 대리석 단을 보게 될 것이다.

거기 서보라.

그곳은 바로 수세기 전에 사도 바울이 섰던 곳이다. 그때 그는 불법적인 방법을 동원해, 사람들에게 하나님을 섬기라고 부추긴다는 죄목으로 고발되었다(행 18:13). 학자들은 폐허만 남은 옛 고린도의 터에서 지금도 볼 수 있는 이 높은 대리석 연단이 총독 갈리오가 바울의 사건을 심리하기 위해 앉았던 곳이라고 믿고 있다. 그때 그는 바울에 대해 쏟아진 모든 고소를 기각했다.

그 높은 연단은 그리스어로 '베마'(bema)라고 하며, 심판석을 뜻한다. 당시에는 운동 경기의 심판관도 베마에 앉았었다. 예수님 당시에 베마는 권위와 정의와 보상을 상징했다.

고린도에서 베마에 선 지 3년이 지난 어느 날, 바울은 그곳에 있는 성도들에게 한 통의 편지를 보냈다. 거기에서 그는 모든 그리스도인은 특별한 방법으로 하나님을 위해 살아야 하며, 언젠가는 그리스도의 베마 앞에 서게 되리라는 것을 알아야 한다고 강조했다.

> 이는 우리가 다 반드시 그리스도의 심판대 앞에 드러나 각각 선악간에 그 몸으로 행한 것을 따라 받으려 함이라.
> 고린도후서 5:10

바울은 예수님이 제자들에게 "인자가 아버지의 영광으로 그 천사들과 함께 오리니 그때에 각 사람의 행한 대로 갚으리라"(마 16:27)고 말씀하시면서 시사하신 보응과 보상의 날에 대해 쓰고 있었다.

나는 바울이 갖고 있던 열정은 대부분 자기 삶의 결과가 완벽한 정의로 평가될 것이며 자신이 반드시 보상받으리라는 것을 아는 데서 왔다고 생각한다.

그러나 그것만이 전부는 아니다. 그는 베마에서의 완벽한 정의는 엄격한 법정이나 정체 불명의 어떤 법칙에서 오는 것이 아니라 오직 완벽한 사랑의 주님이신 예수 그리스도에게서 온다는 것을 알았다.

오늘 당신이 어떤 일에 직면했든지 간에, 당신의 삶을 심판하실 수 있는 분은 육신의 몸으로 이 땅에 오셔서 우리의 인간 됨을 체험하시고 우리의 슬픔을 지고 가신 예수님 한 분 외에는 아무도 없다는 것을 기억하기 바란다. 그분은 우리에게 영원한 삶을 선사하시기 위해 죽기까지 하셨다. "아버지께서 … 심판을 다 아들에게 맡기셨으니"(요 5:22).

예수님 앞에 설 때 우리는 우리를 향한 그분의 연민과 헌신의 깊이와 넓이를 알게 될 것이다. 그리고 "잘하였도다. 착하고 신실된 종아!"라고 말씀하실 때 우리를 향한 그분의 기쁨이 얼마나 큰지 보게 될 것이다.

우리가 오늘 베마를 이토록 갈망할 수 있는 이유는 무엇일까?

그것은 그곳에서 얼굴과 얼굴을 마주하여 보게 될 예수님 때문이다. 그분이 예수님이기 때문에, 우리는 매사에 예수님을 기쁘시게 하는 것을 목표로 삼으면서 큰 희망으로 오늘 하루를 살 수 있다.

내 보상의 일기

지금 심판석에서 예수님 앞에 서 있다고 생각해보라. 어떤 느낌이 드는가? 심판석에서 예수님 앞에 설 것을 아는 지식이 하나님과 동행하는 내 삶에 대한 사고방식을 어떻게 변화시키는가?

믿는 이들은 예수 그리스도 안에 뿌리를 두고 있다.
이제 우리는 이 토대 위에서 일어서야 한다.
지금까지 우리가 한 일들은 마지막 시험을 통과해야 한다.
그런데 그 마지막 시험은 우리가 보상받는 자리인
그리스도가 계신 심판석에서 이루어진다.

빌리 그래함(Billy Graham)

베마의 간과된 진리

우리가 다 하나님의 심판대 앞에 서리라.
로마서 14:10

    오늘날 대다수의 그리스도인들은 예수님과 바울이 그토록 다급하게 이야기했던 그날에 대해 아무것도 모르고 있으며, 그날을 위해 사는 것 같지도 않아 보인다.

    왜일까? 어떤 이들은 그리스도를 영접한 사람들은 심판받지 않고 거부한 사람만 심판받을 것이라고 생각한다. 또 어떤 이들은 그리스도인은 죄에서 구원받았기 때문에 우리 삶이 부여하는 책임에서 면제받을 것이라고 생각한다.

    당신은 이 주장에 동의하는가, 혹은 반대하는가?

    오늘은 믿는 자들의 심판에 대한 성경적 가르침을 개괄해보려고 한다. 그런 다음, 사람들이 많이 간과하고 있는 이 진리에 함축된 실제적 의미가 여러분과 나의 삶에 이토록 중요한 이유가 무엇인지 보여줄 것이다.

바울의 가르침(아래의 도표를 보라)은 예수님의 베마에서 어떤 일이 일어날지를 아주 선명하게 보여준다. 우리는 이것을 이미 「하나님이 상 주시는 삶」에서 조심스럽게 검토해보았다. 그러나 이 책에서는 큰 그림을 한눈에 볼 수 있게 해주는 개략적인 도표만 실어놓았다.

믿는 자들의 심판 가운데서 간과된 진리	
뭐라고 불리는가?	그리스도의 심판석(그리스어로는 베마)
누가 나타날까?	예수님을 믿고 그분이 값없이 주시는 구원의 선물을 받은 모든 사람
누가 심판자가 될까?	예수 그리스도
심판은 언제 일어날까?	그리스도가 오실 때
어디에서?	천국에서
무엇을 심판할까?	하나님을 위해 우리가 한 모든 일들
어떻게?	우리가 한 일들은 불로 시험받을 것이다.
왜?	우리가 한 일들의 영원한 가치에 근거하여 영원한 보상을 받을 수 있도록 혹은 받지 못하도록

(주요 본문: 롬 14:9-12, 고전 3:12-15, 고후 5:8-10)

여러분 가운데는 이 도표가 생소하게 느껴지는 사람도 있을 것이다. 위의 도표를 보니 어떤 느낌이 드는가? 걱정스러운가, 아니면 희망이 밀려오는 것 같은가? 그것도 아니면, 그저 경악스러운가? 이런 도표를 보았을 때 사람들이 보이는 반응은 대개 두 가지로 나타난다. 하나는 천국에서 자신의 죄가 심판받지 않으리라는 강한 확신을 갖고 흔들리지 않는 경우이고, 다른 하나는 하나님을 위해 자신이 한 일들이 심판받게 된다는 사실을 알고 깜짝 놀라는 경우다.

아무리 예수님을 따르는 사람들이라 해도 베마를 염두에 두지 않는다면, 영원에서는 우리가 이 땅에서 한 일에 대해 계산할 시간도 보상할 시간도 없을 것이라는 거짓말에 속아넘어가기 쉽다.

이 기만의 결과가 어떤 것일지 짐작하기는 그리 어렵지 않다. 많은 그리스도인들은 왜 매사에 하나님을 위해 살아야 하는지 그 이유를 잘 알지 못한다. 사실, 최근에는 그리스도인과 비그리스도인의 가치관과 행동이 크게 다르지 않다는 것을 보여주는 연구 결과들이 쏟아져나오고 있다.

그런데 사단이 우리의 구원에 대한 거짓말과는 별도로, 예수님을 따르는 사람들 사이에 퍼뜨리고 싶어하는 거짓말이 있는데, 그게 무엇인지 알겠는가?

감사하게도, 베마에 대한 사실들은 우리로 하여금 진정한 영적 돌파구를 찾도록 도와줄 수 있다.

당신은 우선순위를 어떻게 정리하고 있는가? 당신이 베마에 대해 알고 있는 것을 토대로 평가해보라. 또한 하나님에 대해 어떻게 생각

오늘 베마가 내게 의미하는 것

베마가 내 삶에 관해 계시하는 것	베마가 하나님에 대해 계시하는 것
오늘 내가 한 일들은 …	하나님은 공평하시기 때문에
오늘 내가 한 일들은 …	하나님은 공평하시고 관대하시기 때문에
오늘 내가 한 일들은 다 합해도 조금밖에(혹은 아무것도) 안 될 것이다 (그래서 나는 '손실을 경험'할 수도 있을 것이다)	하나님은 공평하시고 편파적이지 않으시기 때문에
오늘 이 땅에서의 내 삶 (내가 하나님을 위해 이곳에서 한 일)은 나의 영원을 바꿀 것이다.	하나님은 하늘나라에서 내게 보상해주실 것이기 때문에

하고 있는지도 베마가 그분에 대해 계시하고 있는 것을 토대로 평가해보라.

지금까지 간과되어온 소식, 즉 베마가 당신을 자유케 하여 당신으로 하여금 영원한 운명을 가진 존재로 살아갈 수 있게 해주기를 바란다.

내 보상의 일기

베마의 진리는 하나님에 대한 나의 사고방식을 어떻게 변화시키는가? 그것은 내게 미래를 약속해주는 소식인가? 왜 그런가?

하나님 아버지에게는
버릇이 나쁜 자녀가 하나도 없다.
그분은 자기 자녀를 매우 사랑하시기 때문에
한 명도 망나니가 되도록
그냥 내버려두시지 않기 때문이다.

프레드 미첼(Fred Mitchell)

Day 10

불로 나타내고

만일 누구든지 금이나 은이나 보석이나 나무나 풀이나 짚으로
이 터 위에 세우면 각각 공력이 나타날 터인데
그날이 공력을 밝히리니 이는 불로 나타내고
그 불이 각 사람의 공력이 어떠한 것을 시험할 것임이니라
만일 누구든지 그 위에 세운 공력이 그대로 있으면 상을 받고.
고린도전서 3:12-14

에이미(Amy)는 인도 남부에서 학대당하고 버림받은 소녀들을 돌보는 일을 하며 하나님을 섬겼다. 그 아이들은 대부분 부모에게서 버림받았거나 노예로 팔려 신전에서 아동 창녀로 지내고 있었다. 아일랜드 출신의 젊은 여성인 에이미는 안색도 창백했으며 몸도 깡말랐다. 그녀는 늘 인도 옷을 입고 있었으며 타밀(Tamil)어를 배웠고, 무려 57년을 인도인과 함께 생활했다. 그녀는 독신으로 지냈으며 건강이 안 좋아 늘 고생했다. 그녀는 무려 생의 마지막 20년 동안을 침대에 누워 생활하며 그녀의 '딸들'을 위해 기금 모으는 일을 했다.

그녀의 이름은 에이미 카마이클(Amy Carmichael)이다. 에이미의 일대기를 쓴 엘리자베스 엘리엇(Elisabeth Elliot)은 선교에 헌신한 그녀의 삶을 추적해가다가, 그녀가 하나님께 헌신하는 삶을 살기로 결심하게 한 전환점을 발견하게 되었다. 그것은 에이미가 벨패스트에서 유년 시절을 보낼 때 일어났다.

비가 오는 어느 주일, 에이미는 제일 좋은 옷을 입고 교회에 갔다가 오빠들과 함께 집으로 돌아오는 길이었다. 그런데 아주 무거운 짐을 지고 가는 남루한 옷차림의 할머니를 보게 되었다. 그들은 할머니를 도와드리기로 결정하고 할머니에게서 짐을 받아든 뒤, 할머니를 부축해드렸다.

"그 할머니를 부축해서 가는 동안 우리는 교회에서 예배를 마치고 돌아가는 덕망 있는 분들을 많이 만났어요. 그 순간이 얼마나 끔찍했는지 몰라요." 에이미는 그때를 이렇게 회상했다. "저희는 단지 어린 소년, 소녀에 불과했어요. 존경받는 그리스도인이 전혀 아니었다구요. 그런 저희가 훌륭한 그리스도인들 앞에서 그런 일을 하고 있었으니 정말이지 할머니 도와드리는 저희 모습이 그렇게 싫을 수 없었어요." [2]

그러다가 분수 앞을 지날 때, 성경 구절 하나가 에이미의 마음속에서 번뜩 스쳐지나갔다.

> 만일 누구든지 금이나 은이나 보석이나 나무나 풀이나 짚으로 이 터 위에 세우면 각각 공력이 나타날 터인데 그날이 공력을 밝히리니 이는 불로 나타내고 그 불이 각 사람의 공력이 어떠한 것을 시험할 것임이라 만일 누구든지 그 위에 세운 공력이 그대로 있으면 상을 받고.
>
> 고린도전서 3:12-14

에이미는 꼭 누가 자기에게 이 말씀을 들려준 것 같아 주위를 둘러보았다. 그러나 분수와 떨어지는 빗방울과 지나가는 사람들 밖에는 아무도 없었다.

엘리엇은 계속해서 기록한다. "아이들은 계속해서 걸어갔다. 그때 소녀의 마음속에서는 그녀의 인생관을 영원히 바꾸어놓는 어떤 일이 일어나고 있었다." 에이미 카마이클에게는 '불로 나타낸' 삶이 어떤 일이 할 만한 가치가 있는지에 대한 척도가 된 것이었다. 편리한 일이나 존경받을 만한 일이나 보상이 주어지는 일이 아니라, 불의 연단을 잘 참고 견뎌내는 일이 그녀에게 가치 있는 일이었던 것이다.[3]

불이 있는 심판석을 상상하는 그림은 고린도 교회 성도들에게도 강력한 영향력을 미쳤음이 틀림없다. 역사학자들은 바울이 이 편지를 보내기 얼마 전에 고린도 시에 대형 화재가 일어나서 온 도시가 초토화가 되었다고 말한다. 그들은 불이 어떤 재료로 지은 건물은 살아남게 하지만, 어떤 재료로 지은 건물은 힘없이 쓰러지게 한다는 것을 똑똑히 지켜보았다.

이 부분에 대해 한 평론가는 "사물의 질을 시험하는 것이 불의 속성이다"라고 주석을 달았다. 이것은 베마에서의 불과 관련하여 중요한 점을 이해하는 데 많은 도움이 된다. 본문에서 바울이 말하려는 것은 우리 죄의 정화가 아니다. 그는 우리 행동의 질에 대해 쓰고 있다. 여기에서 나무, 풀, 짚은 언뜻 보기에는 잘못으로 판명나지 않는 행동들, 심지어는 바람직하고 가치 있어 보이는 행동들을 상징한다. 그러나 이런 행동들은 베마에서는 전혀 무가치한 것이 되어 불타 없어지게 될 것이다.

오늘 하루 생활하는 동안에, 인내의 자질에 대한 다음과 같은 기준을 한번 생각해보라.

- **인내하는 일은 하나님의 능력 안에서 행해진다.** 예수님은 "저가 내 안에, 내가 저 안에 있으면 이 사람은 과실을 많이 맺나니 나를 떠나서는 너희가 아무것도 할 수 없음이라"(요 15:5)고 말씀하셨다.
- **인내하는 일은 하나님의 영광을 위해 행해진다.** 예수님은 다른

사람들을 감동시키기 위해 하는 선한 일, 즉 자선 사업이나 기도, 금식 등을 하는 사람들은 이미 보상을 다 받았다고 말씀하셨다 (마 6:3-5).

- **인내하는 일은 하나님의 뜻에 따라 해야 한다.** 예수님은 "나는 나의 원대로 하려 하지 않고 나를 보내신 이의 원대로 하려는 고로"(요 5:30)라고 말씀하셨다.

오늘 여러분이 한 행동이 하나님의 뜻에 따라 하나님의 영광을 위해 하나님의 능력 안에서 행해지지 않았다면, 그것은 불타 없어져버릴 것이다. 그것이 아무리 가치 있는 일이라 할지라도 말이다.

그렇다면, 그 가치가 오래가는 것은 쉽게 오지 않는다는 사실에 대해 한번 생각해보기 바란다. 값비싼 금속과 돌들은 눈에 잘 띄지 않는다. 그것들을 채굴하고 정련하고 광을 내기 위해서는 대단한 노력을 기울여야 한다.

마찬가지로, 불의 시험을 견딜 만한 섬김을 하기 위해서는 단 하루든, 혹은 몇 년이든 우리의 생명을 버리는 것이 필요하다. 에이미 카마이클은 종종 이렇게 말했다. "베푸는 것은 사랑하는 마음이 없어도 할 수 있지만, 베풀지 않고는 사랑을 할 수 없습니다."

내 보상의 일기

내가 하늘나라에서 베마 앞에 서기로 약속한 시간이 바로 오늘이라면, 내가 이 땅에서 쌓아올린 업적들은 그 시험을 어떻게 견딜 수 있을까? 내가 이 사실을 믿어야 하는 이유는 무엇일까?

이 세상에서 자신이 가장 저명하고 숙련된 건설자라고
자랑할 수 있는 사람은 한 사람도 없다.
심판 날에 하나님이 그가 한 일을 인정해주지 않으면
그의 업적은 모두 물거품이 되기 때문이다.

존 캘빈(John Calvin)

Day 11

베마에서의 죄

오직 그리스도는 죄를 위하여 한 영원한 제사를 드리시고
하나님 우편에 앉으사 … 저가 한 제물로
거룩하게 된 자들을 영원히 온전케 하셨느니라 …
저희 죄와 저희 불법을 내가 다시 기억지 아니하리라.
히브리서 10:12, 14, 17

고린도전서 3장에는 불로 시험받는 것에 대한 말씀이 나오는데, 그 말씀은 이렇게 끝난다. "누구든지 공력이 불타면 해를 받으리니 그러나 자기는 구원을 얻되 불 가운데서 얻은 것 같으리라"(15절).

하늘나라에서는 상실에 대한 개념이 이 세상의 것과 반대인 것처럼 보인다. 게다가 '구원을 얻되 불 가운데서 얻은 것 같이'라는 말은 너무도 위협적으로 들린다. 그러면 이 말씀을 읽을 때 일어나는 몇 가지 중요한 질문들에 대해 몇 분 동안 생각해보자.

오늘 본문은 우리가 우리 죄를 위해 치르신 그리스도의 희생을 받아들이면, 우리 죄와 형벌이 모두 예수님의 책임으로 넘어가게 된다고 말한다. 예수님은 당신의 피로 우리 죄값을 지불해주셨다. 따라서 우리는 '영원히 완벽하게' 된다. 자유롭고 용서함을 누리며 죄가 영원히 잊혀진 존재가 되는 것이다.

그러므로 우리는 우리 죄 때문에 베마에서 정죄당하는 일이 결코 없을 것이라고 확신할 수 있다.

바울 역시 베마에서 우리 구원이 위험에 처해지지 않을 것이라고 분명히 말했다. 왜일까? 베마에서 심판의 대상이 되는 것은 우리가 한 일이지 예수 그리스도에 대한 우리의 믿음이 아니기 때문이다. 따라서 베마에서 아무런 보상을 받지 못할 수는 있어도, 하늘나라에서 쫓겨나는 일은 결코 없는 것이다. 바울이 "구원을 얻되 불 가운데서 얻은 것 같이"라고 말함으로써 의미하고자 했던 것도 바로 이것이었다.

그렇다면, 베마에서는 죄가 아무 문제가 되지 않는다는 뜻일까? 그렇지 않다. 오히려 그 반대다. 우리의 죄가 베마에서 다시 우리에게 돌아오는 일은 없겠지만, 죄로 인한 결과들은 우리의 보상에 직접적인 영향을 미친다.

사도 요한이 "너희는 너희를 삼가 우리의 일한 것을 잃지 말고 오직 온전한 상을 얻으라"(요이 1:8)고 경고한 것도 이 때문이었다. 이 말의 의미인즉, 우리가 어떤 일을 했는데 나중에 다른 일을 또 함으로써,

우리가 받으려고 했던 온전한 보상을 놓칠 수도 있다는 것 같다.

예를 들어보자.

당신은 싱가포르에 사는 성공한 기업가이며, 명망 높은 그리스도인이다. 회사에서는 중역들을 위한 성경 공부를 인도하고 있으며, 지역 사회에서도 리더십을 활발히 발휘하고 있다. 그런데, 인생 후반에 부패한 일에 말려들게 되었다. 당신이 저지른 부정한 일은 대중 앞에 밝히 드러나게 되었으며, 당신이 받은 재판은 만천하에 공개되어 당신의 명성을 단번에 추락시켜버렸다. 그리고 당신은 감옥에 갇히게 되었다. 당신을 본받아 그리스도를 따르겠다던 사람들은 모두 환상에서 깨어나, 분노와 쓴 감정으로 범벅이 되어 당신에게서 돌아서버렸다.

베마 앞에 섰을 때 우리는 과연 몇 년 동안 섬겨온 일에 대한 보상을 온전히 받을 수 있을까? 아니면, 그 후에 한 행동들 때문에 그 보상을 잃게 될까?

우리 죄의 결과 때문에 우리는 베마에서 손실을 겪을 수도 있다. 나는 여러분이 이 사실을 분명히 보기 바란다. 우리 주님의 입에서 터져나오는 '잘하였도다' 라는 기쁨의 외침 외에 다른 모든 것은 인생의 낭비밖에 되지 않을 것이다.

베드로는 손실을 겪는 게 어떤 느낌을 가져다주는지 알았다. 예수님이 십자가에 달려 돌아가시기 전날 밤, 로마 군병들에게 체포되었을 때 베드로는 근처에서 모닥불을 쬐고 있었다. 그런데 그는 자신은 예수님을 따른 적도 없고 그분이 누군지 알지도 못한다고 세 번이나 부인하고 말았다.

그때 예수님이 예언하신 대로, 닭 울음소리가 들려왔다. 고개를 든 베드로는 뜰 안에서 자기를 바라보고 계시는 예수님과 눈이 마주쳤다.

> 주께서 돌이켜 베드로를 보시니 베드로가 주의 말씀 … 하심이 생각나서 밖에 나가서 심히 통곡하니라.
> 누가복음 22:61-62

예수님과 눈길이 마주쳤을 때 베드로는 얼마나 고통스러웠을까! 예수님이 보내신 눈길은 증오의 눈길도 정죄하는 눈길도 아니었다. 오직 그에게 어떤 일이 일어날 수 있는지를 말해주는 진리의 눈빛이었다.

베드로와 마찬가지로, 우리도 베마에서 예수님 앞에 설 때 고개를 들어 그분을 바라보게 된다. 그 순간 수치와 후회를 곱씹는 것보다 더 고통스러운 일은 아마 없을 것이다.

요한도 그리스도 앞에 서게 될 때 수치스럽지 않도록 살라고 권고했다. "자녀들아 이제 그 안에 거하라 이는 주께서 나타내신 바 되면 그의 강림하실 때에 우리로 담대함을 얻어 그 앞에서 부끄럽지 않게 하려 함이라"(요일 2:28).

베마에 섰을 때 낙망하는 대신 축하하고 기뻐할 수 있도록 온 마음을 다해 하루하루를 살아가라. 이 땅에서 우리가 경험할 수 있는 일 가운데 예수님의 얼굴에서 기쁨을 보는 것에 비할 수 있는 것은 없을 것이다. 예수님이 우리 쪽으로 몸을 숙여 우리에게 얼마나 감사하고 우리 때문에 얼마나 기뻐하시는지를 보여주실 때의 그 기쁨을 한번 상상해보라.

내 보상의 일기

나는 죄 사함을 받은 것에 대해 지금도 감사하고 있는가? 혹, 죄를 짓지 않으려고 모든 노력을 다하는 것을 그만두지는 않았는가?

"주님, 저는 결승선을 통과하는 것뿐만 아니라 잘 통과했다는 말씀을 듣기 위해 이 경주를 달려가고 싶습니다!"

하나님은 구세주의 손에서 내 피값을 한 번 요구하시고는
또 다시 내 손에서 피값을 요구하시는 일은 하지 않으신다.
두번씩이나 대가를 요구하는 일은 하지 않으신다.

아우구스투스 톱레이디(Augustus Toplady)

이러므로 우리에게 구름같이 둘러싼
허다한 증인들이 있으니
모든 무거운 것과 얽매이기 쉬운 죄를 벗어버리고
인내로써 우리 앞에 당한 경주를 경주하며.

히브리서 12:1

Day 12

반석 위에 지은 집

그러므로 누구든지 나의 이 말을 듣고 행하는 자는
그 집을 반석 위에 지은 지혜로운 사람 같으리니
비가 내리고 창수가 나고 바람이 불어 그 집에 부딪히되
무너지지 아니하나니 이는 주초를 반석 위에 놓은 연고요
나의 이 말을 듣고 행치 아니하는 자는
그 집을 모래 위에 지은 어리석은 사람 같으리니
비가 내리고 창수가 나고 바람이 불어 그 집에 부딪히매
무너져 그 무너짐이 심하니라.
마태복음 7:24-27

전에 내가 오리건 주에 살 때 우리 집에서 멀지 않은 곳에 비밀의 섬이 있었다. 그 섬의 비밀은 바로 바다 속으로 가라앉아버린 도시에 대한 것이었다.

20세기 초에 그 섬이 있던 자리에 아주 수려한 반도가 하나 있었다. 그러나 나머지는 모두 바다 속으로 가라앉아버리고 지금까지 남아 있는 것은 오직 그 섬뿐이었다. 그 반도를 개발한 사람들은 길을

닦고는 그 도시에 베이오우션이라는 이름을 붙였다. 수많은 가정이 그 섬으로 와 집을 지었다. 해수면에서 43미터 높이에 있는 절벽에는 3층짜리 호텔도 생겼다. 해변은 포틀랜드에서 소풍 나온 사람들로 연일 북적거렸다.

그러나 베이오우션은 모래 위에 지은 도시였다. 그래서 어느 겨울, 폭풍우가 몰아치자 흔적도 없이 사라지고 말았다. 한 번에 한 채씩, 베이오우션은 파도 속으로 고꾸라져 들어갔다. 1952년에 그 도시의 전부가, 즉 호텔, 절벽 그리고 반도의 대부분이 폭풍우에 깨끗이 씻겨가버리고 말았다.

이런 이야기를 들으면 공허감이 밀려오는 것 같다. 그 모든 노력이 수포로 돌아가버리다니! 그리고 그 모든 희망이 흔적도 없이 사라져버리다니!

오늘 본문에서 예수님은 우리 삶을 이생은 물론이거니와 영원까지도 계속될 반석 위에 세우는 것이 얼마나 중요한지를 가르치신다. 결국, 우리 삶은 하늘나라에서 예수님께 평가받기 전에, 이 세상이 가하는 시련과 유혹을 견뎌내야 하는 것이다.

그러면, 어떤 시련에도 살아남는 집을 지으려면 어떻게 해야 할까? 예수님은 이것을 아주 직접적인 용어로 표현하셨다. 반석 위에 집이 있는 사람은 "나의 이 말을 듣고 행하는 자"(24절)라고 말이다.

폭풍에도 흔들리지 않는 삶을 건설하는 데 가장 중요한 것은 순종, 곧 진리를 행하는 것이다. 한 주석가는 이렇게 말했다. "하나님을 아는지 알아보려면 그분께 순종하는지를 살펴보면 된다." 예수님의 말씀을 귀 기울여 듣고 거기에 동의한다는 듯 고개를 열심히 끄덕이고는 정작 행동으로는 하나도 실천하지 않는 경우가 얼마나 많은가! 그러나 이 같은 반응은 우리 미래를 모래 위에 세우는 것만큼이나 위험하다. 야고보는 "너희는 도를 행하는 자가 되고 듣기만 하여 자신을 속이는 자가 되지 말라"(약 1:22)고 말했다.

누가복음에도 모래 위에 집 짓는 이야기가 나오는데, 예수님은 진리를 머리로 아는 것만이 아니라, 행동으로 실천하는 것도 중요하다는 것을 강조하셨다. 여기에서 예수님은 주춧돌 위에 집 짓는 것의 이미지를 사용하셨다.

> 너희는 나를 불러 주여 주여 하면서도 어찌하여 나의 말하는 것을 행치 아니하느냐 … 듣고 행치 아니하는 자는 주초없이 흙 위에 집 지은 사람과 같으니 탁류가 부딪히매 집이 곧 무너져 파괴됨이 심하니라.
>
> 6:46, 49

놀랍지 않은가? 인내하는 삶에 대해 하나님이 보여주시는 청사진은 누구라도 이해할 수 있을 정도로 쉽다. 진리의 말씀에 귀 기울이고 그대로 행하기만 하면 되는 것이다.

오늘, 나는 여러분에게 자신의 삶을 어디에 세우고 있는지 점검해보기를 제안한다. 그리고 '예수님은 그분을 따르는 자들에게 무엇을 하라고 하셨는가?'를 자문해보기를 바란다. 어떤 생각이 떠오르는가? 하나하나 적어보라.

주라.
용서하라.
유혹에 저항하라.
다른 쪽 뺨을 돌려대라.
자신을 부인하라.
하나님과 이웃을 자신의 몸처럼 사랑하라.
가서 복음을 전하라.

지난 몇 주 동안 당신은 어떤 일을 적극적으로 했는가? 혹 야고보가 경고한 것처럼, 당신도 자신을 속이고 있지는 않았는가? 우리는 우리가 듣고 믿은 것에 대해서가 아니라, 오직 이 땅에서 하나님을 위해 한 일에 대해서만 하늘나라에서 보상받는다. 이 사실을 잊지 말라.

우리는 하나님을 기쁘시게 하기 위해 무엇을 해야 할지를 고민하지 않아도 된다. 우리에게는 예수님의 가르침도 있고, 성경의 가르침도 있으며, 성령의 인도하심도 있기 때문이다. 또한 순종할 수 있는 기회도 많다.

베이오우션의 버려진 모래사장이 보이는 곳에 작은 등대가 하나 서 있다. 그 등대는 안개가 끼고 진눈깨비가 내리고 바람이 불고 캄캄한 밤이 되어도, 한결같이 그 자리에 서 있다. 도시는 아주 오래 전에 바닷속으로 침몰해버렸는데, 왜 등대는 아직까지 그 자리에 있는 것일까? 조사해보았더니, 그 등대는 해수면 위 60미터 지점의 단단한 바위 위에 세워져 있었다.

여러분이 '내 삶이 하나님께 어떤 것이 되면 좋을까' 하고 생각할 때 부디, 이 등대가 마음속에 떠오르기 바란다. 여러분이 듣고 행할 준비가 되어 있다면, 여러분은 자신의 삶을 자신 있게 세워나갈 수 있다. 폭풍우와 시련이 닥쳐와도 여러분의 집은 굳건히 서 있을 것이며, 여러분이 하나님을 섬긴 것도 영원히 빛나리라는 것을 확신하면서 말이다.

내 보상의 일기

"주님, 제 삶 가운데서 주님의 말씀을 귀로 듣기만 하고 행동으로는 실천하지 않는 영역이 있다면 보여주십시오."

이 닦아둔 것 외에 능히 다른 터를 닦아둘 자가 없으니
이 터는 곧 예수 그리스도라.

고린도전서 3:11

시험을 참는 자는 복이 있도다 이것에 옳다 인정하심을 받은 후에
주께서 자기를 사랑하는 자들에게 약속하신
생명의 면류관을 얻을 것임이니라.

야고보서 1:12

그러므로 내 사랑하는 형제들아
견고하며 흔들리지 말며 항상 주의 일에 더욱 힘쓰는 자들이 되라
이는 너희 수고가 주 안에서 헛되지 않은 줄을 앎이니라.

고린도전서 15:58

우리 앞에 놓인 왕관

Day 13

이제 후로는 나를 위하여 의의 면류관이 예비되었으므로
주 곧 의로우신 재판장이 그날에 내게 주실 것이니
내게만 아니라 주의 나타나심을 사모하는 모든 자에게니라.
디모데후서 4:8

　천국을 생각하면 무엇이 떠오르는가? 아무것도 잘못되지 않는 따뜻하고 안락한 곳일 것이라는 생각도 들지만, 한편으로는 아무 일도 일어나지 않는 따분한 곳일 것이라는 생각도 들지 않는가?

　그러나 성경은 천국이 그 반대라고 가르친다. 하늘나라에서 우리는 온전하고 풍성하며 의미 있는 삶을 살게 된다. 예수님은 제자들에게 영원한 왕국에서는 섬기는 동시에 다스리고, 심판하고 예배하며, 하나님과 친밀한 교제를 즐기게 된다고 말씀하셨다. 먹고 마시며 책임감을 가지고 큰 기쁨을 누리게 된다고도 말씀하셨다.

　하늘나라에 가면 보상이 아주 많이 중요하게 되는데, 그 이유도 이 때문이다. 천국에서 받는 보상은 우리가 천국을 어떻게 경험하느냐에 직접적인 영향을 미치게 될 것이다. 예를 들어, 우리가 그곳에서 무엇을 하도록 허락받고, 하나님을 섬기는 특권을 얼마나 많이 누리느냐에 영향을 미치게 되는 것이다.

특별히, 예수님은 다음의 두 가지 보상을 다른 것들보다 훨씬 더 많이 강조하셨다.

- **권위 혹은 통치권.** 예수님은 제자들에게 "세상이 새롭게 되어 인자가 자기 영광의 보좌에 앉을 때에 나를 좇는 너희도 열두 보좌에 앉아 이스라엘 열두 지파를 심판하리라"(마 19:28)고 약속해 주셨다.
- **명예.** 예수님은 그분을 따르는 모든 사람에게 "사람이 나를 섬기면 내 아버지께서 저를 귀히 여기시리라"(요 12:26)고 말씀하셨다.

> 지혜 있는 자는 궁창의 빛과 같이 빛날 것이요 많은 사람을 옳은 데로 돌아오게 한 자는 별과 같이 영원토록 비취리라.
> 다니엘 12:3

신약 성경에서 보상에 대해 이야기할 때 가장 많이 등장하는 상징은 면류관이다. 당시는 물론이거니와, 지금도 면류관은 명예에 대한 가장 높은 상징으로 기능한다.

면류관이라고 번역된 단어는 '디아데마(diadema)'와 '스테파노스(stephanos)'라는 그리스어가 합쳐진 것이다. '디아데마'는 왕이 쓰는 왕관을 말하며 왕족을 상징한다. 그리스도가 장차 쓰시게 될 관도 바로 이것이다(계 19:12). 두번째 단어인 '스테파노스'는 운동 경기에서 승자에게 주는 화관을 뜻한다. 이 관은 승리를 상징하며, 탁월한 섬김을 했기 때문에 대중에게 영예를 받아 누림을 표시한다. 그리스도인이 하나님을 섬긴 것에 대해 받게 될 관도 바로 이 두번째 관이다. 그러나 이 관조차도 신약 성경이 말하고 있는 영원한 보상의 아주 작은 부분에 지나지 않는다.

신약 성경에는 다음의 몇 가지 면류관이 언급되어 있는데, 이것도 신약 성경에 나오는 관의 전부는 아니다.

- **영광의 면류관.** 베드로는 교회 지도자들에게 '목자장이 나타나실 때에 시들지 아니하는 영광의 면류관을 얻'을 수 있도록 '하나님의 양 무리'를 잘 돌보라고 권고한다(벧전 5:1-4).
- **생명의 면류관.** 가혹한 고통과 유혹과 고난을 믿음과 사랑의 힘으로 견딘 사람들은 생명의 면류관이라는 특별한 선물을 받게

될 것이다. 그러나 이 관은 영원한 생명을 언급하는 것이 아니라, 선한 일에 대한 보상을 언급한다(약 1:12, 계 2:10).

- **의의 면류관.** 바울은 디모데에게 주님이 다시 오시기를 고대하는 사람은 모두 의의 면류관을 받게 될 것이라고 말했다. 요한 역시 예수님의 재림을 바라는 사람은 "그의 깨끗하심과 같이 자기를 깨끗하게 하느니라"(딤후 4:6-8, 요일 3:2-3)고 말했다.
- **기쁨의 면류관.** 바울은 그의 사역에 응한 사람들을 가리켜 '기쁨의 면류관'이라고 표현했다. 이 관은 다른 사람을 하나님나라로 인도한 사람들에게 주는 관이다(살전 2:19).
- **불멸의 면류관.** 바울은 그리스도인의 삶을 고린도 지협 경기 대회(Isthmian games, 옛날에 고린도 지협에서 2년마다 벌어진 고대 그리스 4대 경기 대회의 하나 - 역주)와 비교한다. 그러나 이 경기에 참가한 선수들은 '썩을 면류관'을 위해 달렸지만, '우리는 썩지 아니할 것을' 위해 달린다(고전 9:25). 어떤 학자들은 이 면류관이 자기 통제와 훈련 그리고 자기 부인과 하나님을 위한 사역에 전념하는 성도들을 위해 예비된 특별한 면류관이라고 해석하기도 한다.

성경이 이 면류관들의 본질에 대해 정확한 언급을 하는 것은 아니다. 그러나 하나님은 보상이 아주 바람직한 것이라는 것을 우리가 알기 바라신다는 것은 분명하다. 사실, 예수님은 우리가 우리 자신의 보상을 간직하기 원하신다. 그 보상이 천국에 대한 우리의 경험과 예수님을 섬기는 능력을 영원히 바꾸어놓을 것이기 때문이다.

단 한 번의 기회가 생긴다면, 여러분은 천국에 갈 때 무엇을 이루어 놓고 가고 싶은가? 바울은 "운동장에서 달음질하는 자들이 다 달아날지라도 오직 상 얻는 자는 하나인 줄을 너희가 알지 못하느냐 너희도 얻도록 이와 같이 달음질하라"(고전 9:24)고 말했다.

오늘 여러분이 하는 모든 선택이 하나님이 주시는 가장 높은 영예와 칭찬이라는 보상에 의해 다듬어지기를 바란다.

 **내 보상의 일기**

예수님이 내 손에 내가 받은 보상을 쥐어주시며 잘 간직하라고 하신다면 어떤 기분이 들겠는가? 내가 가장 받고 싶은 보상은 무엇인가? 그리고 그 목적을 이루기 위해 나는 지금 어떻게 하고 있는가?

> 내가 속히 임하리니 네가 가진 것을 굳게 잡아
> 아무나 네 면류관을 빼앗지 못하게 하라.
>
> 요한계시록 3:11

Day 14

책임의 복된 소식

그러므로 너희가 이제 여러 가지 시험을 인하여
잠깐 근심하게 되지 않을 수 없었으나
오히려 크게 기뻐하도다
너희 믿음의 시련이 불로 연단하여도
없어질 금보다 더 귀하여
예수 그리스도의 나타나실 때에
칭찬과 영광과 존귀를 얻게 하려 함이라.
베드로전서 1:6-7

심판석에 대해 성경이 말하는 바를 처음 검토해보았을 때 나는 하나님의 계획이 공정하지도, 사랑스럽지도 않다고 느꼈다. 아마 당신도 마찬가지였을 것이다. 그러나 우리에게는 우리 삶을 향한 하나님의 최선의 뜻을 알고자 하는 갈망이 있다(이 책을 읽는 이유도 아마 그 때문일 것이다). 따라서 우리는 베마에서의 책임에 대한 특별한 약속을 받아들일 준비가 되어 있다.

나는 당신을 향한 하나님의 끈질긴 사랑과 당신의 삶에 대한 그분의 기대에 당신이 큰 두려움과 경외감을 갖고 있기 바란다. 그리고 하나님을 위해 앞으로는 불의 시험도 거뜬히 견뎌낼 수 있는 선한 일을 많이 하겠다는 각오도 새롭게 다지기 바란다. 또 이 세상에서 누리고 있는 기쁨과 장차 천국에서 누리게 될 훨씬 더 큰 기쁨을 파괴하는 죄들을 단호히 물리치겠다는 결심도 점점 더 강해지기를 바란다.

가정에서의 책임은 참으로 복된 소식이다. 그것은 헌신과 사랑과 정의와 약속에 기념비가 된다. 당신이 당신의 하루를 그것으로 평가할 때마다 하나님의 자녀가 되는 것이 진정으로 의미하는 것에 조금 더 자라가게 될 것이다.

만일 하나님이 우리를 용서해주시기만 하고 그 후에는 우리의 현재나 미래의 안녕에 아무런 관심을 갖지 않으신다면, 그런 하나님이 어떤 아버지가 되실지 생각해보라.

그런데 하나님의 자녀는 모두 책임을 갈망한다. 우리는 모두 주목받고 싶어하며 중요한 사람이 되고 싶어한다. 마음 깊은 곳에서, 우리는 자신이 중요한 일을 위해 부름받았으며 그 일을 이루기 전까지는 절대로 만족할 수 없으리라는 것을 알고 있다. "우리에게 우리 날 계수함을 가르치사 지혜의 마음을 얻게 하소서"(시 90:12). 하나님은 우리가 선물받은 모든 날에 대해 우리에게 책임을 물으실 것이다. 이 사실을 아는 것은 우리가 자신의 최선의 운명을 잡는 데 많은 도움이 된다.

내가 하고자 하는 말은 그리스도를 따르는 사람들이 정열이 사라져버리고 세상과 타협하는 삶을 사는 것은 다음과 같은 끔찍하게도 잘못된 가정들 때문이라는 것이다.

"지금 내가 하고 있는 일은 단지 현재에만 중요할 뿐이다.

그리고 어쨌든 나는 용서받았다.

게다가 나를 눈여겨보는 사람은 아무도 없다."

그러나 나는 하나님이 원하시는 삶의 다양한 그림을 짜맞추는 작업을 해보았으면 한다. 다음과 같은 두 가지 문장을 따라 말해보라.

첫번째 문장

"하나님은 내게 보상해주기 원하신다. 그리고 내가 천국에서 보상받으리라는 희망은 오늘 내 삶을 바꾸어놓을 수 있다."

두번째 문장

"하나님은 내게 책임을 물으실 것이다. 그리고 천국에서 받을 보상을 잃을지도 모른다는 거룩한 두려움은 오늘 내 삶을 바꾸어놓을 수 있다."

이 두 가지 놀라운 진리를 하나로 합친다면, 우리는 우리 삶에 대해 좀더 큰 그림을 볼 수 있을 것이다. 그리고 하나님이 우리를 창조하신 대로 삶을 살아야겠다는 동기 부여를 그 어느 때보다 많이 받게 될 것이다.

내 보상의 일기

"사랑의 주님, 저는 이제서야 베마의 소식이 얼마나 좋은 것인지를 이해하기 시작했습니다. 제가 책임에 대해 제대로 이해하지 못했기 때문에 제 삶에서 세상과 타협한 영역이 있다면 이 시간에 보여주십시오."

사랑하는 자들아 우리가 이같이 말하나
너희에게는 이보다 나은 것과 구원에 가까운 것을 확신하노라
하나님이 불의치 아니하사
너희 행위와 그의 이름을 위하여 나타낸 사랑으로
이미 성도를 섬긴 것과 이제도 섬기는 것을
잊어버리지 아니하시느니라
우리가 간절히 원하는 것은
너희 각 사람이 동일한 부지런을 나타내어
끝까지 소망의 풍성함에 이르러.

히브리서 6:9-12

셋째 주

하나님이 상 주시는 삶 살기

그러므로 내 사랑하는 형제들아

견고하며 흔들리지 말며 항상 주의 일에 더욱 힘쓰는 자들이 되라

이는 너희 수고가 주 안에서 헛되지 않은 줄을 앎이니라.

고린도전서 15:58

Day 15

그날은 돌아온다

어떤 귀인이 왕위를 받아가지고 오려고 먼 나라로 갈 때에
그 종 열을 불러 은 열 므나를 주며 이르되
내가 돌아오기까지 장사하라 하니라.
누가복음 19:12-13

"지금 우리가 가진 것이라곤 이 25센트가 전부야. 어떻게 하면 이 걸 천 달러로 만들 수 있을까?"

어느 날, 나는 아내에게 이렇게 물었다. 그때 우리는 신혼이었고 내가 대학에 출강해서 받는 돈이 수입의 전부였다. 나는 전임 강사 1년차라 출강료가 형편없었다. 게다가 그동안 모아두었던 돈도 눈 깜짝할 사이에 바닥나버렸다.

며칠 후, 나는 그 25센트로 아버지께 전화를 했다. 그리고 경매로 나온 낡은 집을 하나 발견했는데, 잘만 고치면 팔아서 차익을 볼 수 있을 것 같으니, 계약금을 좀 빌려달라고 했다. 다행히 아버지는 흔

쾌히 3천 달러를 빌려주셨다.

그래서 나는 그 집을 샀고 곧바로 집 수리에 들어갔다. 그러나 집 리모델링과 강의를 동시에 하기에는 시간이 너무 빠듯했다. 그런데 마침 건축업을 하는 친구가 일거리가 없어 쉬고 있길래, 리모델링하는 데 드는 재료비는 내가 댈 테니, 그 능숙한 기술로 집을 예쁘게 고쳐주면, 나중에 집을 팔아 생긴 이익의 절반을 주겠다고 제안했다.

친구는 얼마간 고민하더니, 손해볼 게 없다고 생각했는지 내 제안을 받아들였다. 그래서 나는 대학에서 강의하는 일에만 전념할 수 있었다. 석 달 후, 그 집은 산뜻한 모습으로 다시 태어났고 나는 그 집을 팔아, 부모님과 친구에게 이익금을 나누어주고 나머지 1만 4천 달러를 집으로 가져왔다. 내 연봉보다 훨씬 많은 돈이었다.

25센트를 투자해서 내가 얻은 수익은 엄청났다. 경제 용어로는 이것을 '지렛대 효과(leverage)'라고 부르는데, 아주 적은 금액으로 많은 이익을 돌려받았다는 뜻이다.

「하나님이 상 주시는 삶」의 5장과 6장에서 나는 하나님이 우리가 시간과 재능과 재산을 이용해 어떻게 영원에 영향을 끼치기 원하시는지를 살펴보았다. 그리고 하나님은 우리가 그분이 주신 것은 무엇이든 취해, 하나님을 위해 사용함으로써 영원에서 큰 보상을 받기 원하신다는 것도 발견했다.

투자, 재산, 지렛대 효과, 보상 같은 단어들은 영적으로 좀더 깊은 삶을 영위하는 것과 관련해서는 잘 쓰이지 않는 단어들이다. 그러나 예수님이 제자들에게 그들이 어떤 삶을 살기 바라시는지에 대해 말씀하시며 사용하셨던 단어들과는 놀라울 정도로 유사하다.

오늘 본문은 우리에게 너무도 익숙한 므나의 비유로 시작한다. 한 귀인이 왕위를 받으려고 먼 길을 떠난다. 떠나기 전에 그는 종들을 불러놓고 각각 얼마의 므나를 맡기며 아주 중요한 명을 내린다. 곧 '내가 올 때까지 장사를 해서 이익을 남기라' 는 것이다.

그 귀인이 돌아왔을 때 재산을 열 배로 불려놓은 사람은 큰 칭찬과 보상을 받았지만, 돈을 숨겨놓기만 하고 불리지 않은 사람은 아무런 칭찬도 보상도 받지 못했다. 게다가 한 므나마저도 열 므나를 번 종에게 빼앗기고 말았다.

예수님은 우리가 이 우화를 통해, 영원을 위해 사는 것에 대해 무엇을 배우기 원하실까?

- 예수님은 우리가 그분을 위해 한 일에 대해 어떤 목적을 갖고 계신다. 그분은 절대로 우리 일에 무관심하지 않으신다.
- 예수님은 우리 각자에게 맞는 능력과 관심사와 재원과 기회들을 주셨다. 비록, 그것들이 내가 갖고 있던 25센트처럼 아주 작아 보

일 수는 있어도 영원한 보상에 대해서는 어마어마한 잠재력을 갖고 있다.
- 예수님은 그분이 투자하신 것이 아주 큰 보상을 가져오기 바라신다.
- 예수님은 회개와 보상의 날에 다시 돌아오실 것이다. 예수님이 주신 것으로 무엇을 했느냐가 그분의 반응과 천국에서 좀더 큰 섬김을 할 수 있는 가능성을 결정할 것이다.

이번 주에는 하나님을 위해 우리의 날을 지키는 것이 무엇을 의미하는지 살펴볼 것이다. 그리고 섬김과 희생과 순종 등 이미 우리에게 많이 낯익은 주제들에 대해서도 이야기하겠다. 곧 다시 오실 하나님은 오늘을 위해 우리를 창조하셨다. 하나님은 당신이 우리에게 돌보라고 맡기신 것이 무엇인지 정확히 알고 계시며, 그것의 영원한 잠재력 또한 정확히 보고 계신다. 그리고 그분은 우리에게서 아주 많은 것을 돌려받기 원하신다.

하나님은 여러분이 무엇을 진리라고 믿고 있으며, 무엇을 할 수 있는지를 알고 계신다. 여러분은 그것을 믿고 그것을 위해 살아갈 의사가 있는가?

"잘하였도다, 착하고 충성된 종아!"라는 말을 예수님께 듣고 싶고,

그분의 얼굴이 기쁨으로 빛나는 것을 보고 싶은가? 그렇다면 예수님의 말씀을 믿고 그 말씀대로 살라.

내 보상의 일기

시간, 재능, 기회의 면에서 볼 때, 지금 내게 있는 '자산'은 무엇인가? 그것들을 어떻게 투자하면, 하나님나라를 위해 좀더 큰 결과를 가져올 수 있겠는가?

>그의 신기한 능력으로 생명과
>경건에 속한 모든 것을 우리에게 주셨으니.
>
>베드로후서 1:3

>각각 은사를 받은 대로
>하나님의 각양 은혜를 맡은
>선한 청지기같이 서로 봉사하라.
>
>베드로전서 4:10

Day 16

놀라운 기쁨

나를 인하여 너희를 욕하고 핍박하고
거짓으로 너희를 거스려 모든 악한 말을 할 때에는
너희에게 복이 있나니 기뻐하고 즐거워하라
하늘에서 너희의 상이 큼이라
너희 전에 있던 선지자들을 이같이 핍박하였느니라.
마태복음 5:11-12

　오래 전, 나는 뜨거운 태양 아래 먼지가 풀풀 피어오르는 인도의 한 도로를 달려 작은 마을로 가고 있었다. 그때 나는 나를 데리러온 운전자에게 내가 설교하러 가는 교회의 요즘 형편은 어떠냐고 물어보았다.

"별로 좋지 않습니다." 그가 대답했다.

"왜 그런가요?"

"우리가 하나님을 믿는 것을 싫어하는 사람들이 우리가 예배드릴 때마다 유리창에 돌을 던지거든요. 심지어 마을에서 우리 교회 성도들을 만나면 두들겨 패기도 해요. 그래서 어떤 성도들은 예수님을 따르는 것이 무슨 의미가 있고 가치가 있냐고 반문하기도 해요."

잠시 후, 그는 내게 어떤 설교를 할 것인지를 물었다. 나는 미리 준비해온 원고가 있지만, 그의 이야기를 듣고 나니 설교 내용을 바꾸어야 할 것 같은 생각이 든다고 말했다. "초대 교회 교인들은 원형 경기장 안으로 끌려들어가면 사자의 밥이 된다는 것을 알았어요. 그러면서도 찬양을 부르며 경기장 안으로 걸어들어갔지요. 그 비결에 대해 설교하고 싶군요."

1세기의 순교자들은 죽음의 소굴로 끌려가면서도 찬송을 불렀다. 그들은 이 세상은 잠깐 머물다 가는 곳이지만 천국은 영원하다는 것을 알았고 또 확신했다. 그리고 이생에서 예수님을 위해 고통당하고 거절당하면, 다음 생에서 말할 수 없는 즐거움으로 보상받게 될 것이라는 믿음이 있었다.

박해받는 그리스도인들에게 베드로가 다음과 같이 격려할 수 있었던 것도 이 때문이었다.

> 사랑하는 자들아 너희를 시련하려고 오는 불시험을 이상한 일 당하는 것같이 여기지 말고 오직 너희가 그리스도의 고난에 참예하는 것으로 즐거워하라 이는 그의 영광을 나타내실 때에

Day 16 놀라운 기쁨 · 113

너희로 즐거워하고 기뻐하게 하려 함이라.

베드로전서 4:12-13

신앙에 대한 열정으로 불탔지만, 동시에 한없이 낙심하고 있던 그들을 나는 결코 잊을 수가 없다. 그들 가운데 자신이 축복받았다거나 기쁨 가운데 있다고 느끼는 사람은 한 사람도 없는 것 같아 보였다. 그러나 예수님을 위해 지금 희생하는 것과 나중에 얻게 될 놀라운 보상에 대한 예수님의 가르침을 함께 공부하는 가운데, 그들의 관점이 바뀌게 되었다. 그들은 예수님을 믿기로 선택했다. 그들에게 닥쳐온 시련은 달라진 것이 하나도 없었지만, 그들은 미래에 대한 희망을 꽃피우기 시작했다.

그러면, 히브리서 기자가 고통 중에 있는 사람들을 위해 쓴 또 다른 격려의 글을 살펴보자. 당신에게는 '놀라운 기쁨'이 보이는가?

> 전날에 너희가 빛을 받은 후에 고난의 큰 싸움에 참은 것을 생각하라 혹 비방과 환난으로써 사람에게 구경거리가 되고 혹 이런 형편에 있는 자들로 사귀는 자 되었으니 너희가 갇힌 자를 동정하고 너희 산업을 빼앗기는 것도 기쁘게 당한 것은 더 낫고 영구한 산업이 있는 줄 앎이라 그러므로 너희 담대함을

버리지 말라 이것이 큰 상을 얻느니라.

10:32-35

본문에 나오는 이들은 자신이 한 선택 때문에 고통을 당하기도 했지만, 박해받고 있는 다른 사람들을 돕느라 고통을 당하기도 했다. 그러나 그들은 마을 사람들이 자신의 물건을 약탈해가고 괴롭혀도 그것을 기쁘게 받아들였다.

히브리서 기자가 한 이 말은 정말로 사실일까? 물론이다. 앞에 놓여 있는 것, 즉 '더 낫고 영구한 산업'에 대한 진리가 모든 것을 변화시킨 것이다.

오늘날, 세계 여러 나라의 그리스도인들은 예수님의 이름을 위해 많은 것을 잃고 있다. 심지어는 죽음에까지 직면하고 있다. 어쩌면 여러분도 그 가운데 한 사람일지 모르겠다. 그러나 대부분의 사람들은 제자도에 대한 대가를 다른 방식으로 지불하고 있다.

- 사람들로부터 외면당하는 문제에 대해 도덕적 입장을 고수한다고 해서 직장에서 불공평한 대우와 학대를 당하기도 한다.
- 회식 시간에 거룩하지 않은 행위에 동참하지 않는다고 해서 동료들에게 경멸당하기도 한다.

- 예수님을 따른다는 이유 하나만으로 가정이나 사회로부터 거절 당하기도 한다.

어떤 상황에 처해 있든, 자신이 치러야 하는 대가나 희생만 본다면 우리는 기쁨을 잃을 수밖에 없다. 그러나 우리의 미래와 그 미래를 보장해주신 사랑의 하나님을 기억한다면, 우리는 계속해서 기쁨을 누릴 수 있다.

하나님은 그분을 위해 영원에 영향을 끼칠 수 있는 중요한 기회들을 우리에게 주시기 위해 오늘도 주권적으로 역사하신다. 어쩌면 여러분의 다음 기회는 고통 속에 가리워져 있을지도 모르겠다. 만일 그렇다면, 하나님이 오늘 여러분에게 주시는 "너희 담대함을 버리지 말라 이것이 큰 상을 얻느니라"(히 10:35)는 말씀을 여러분의 것으로 받아들이기 바란다.

내 보상의 일기

바울은 "무릇 그리스도 예수 안에서 경건하게 살고자 하는 자는 핍박을 받으리라"(딤후 3:12)고 했다. 내가 매일매일의 삶에서 당하는 박해가 어떻게 그리스도에 대한 나의 헌신의 지표가 될 수 있겠는가?

하나님은 자신이 잃을 수 없는 것을 얻기 위해
간직할 수 없는 것을 우리에게 주시는 바보가 아니시다.

짐 엘리엇(Jim Elliot)

이를 위하여 우리가 수고하고 진력하는 것은
우리 소망을 살아 계신 하나님께 둠이니
곧 모든 사람 특히 믿는 자들의 구주시라.

디모데전서 4:10

종의 표시

너희 중에는 그렇지 아니하니
너희 중에 누구든지 크고자 하는 자는 너희를 섬기는 자가 되고
너희 중에 누구든지 으뜸이 되고자 하는 자는 너희 종이 되어야 하리라
인자가 온 것은 섬김을 받으려 함이 아니라 도리어 섬기려 하고
자기 목숨을 많은 사람의 대속물로 주려 함이니라.
마태복음 20:26-28

「가정의 예술(The Art of Homemaking)」이라는 책에서 에디스 쉐퍼(Edith Schaeffer)는 대공황이 미국 전역을 휩쓰는 동안, 남편 프란시스(Francis)와 함께 집 없는 유랑자들에게 먹을 것을 대접해 준 이야기를 들려준다. 그들은 철로 가까이에 살았는데, 그 근처를 지나던 유랑자들이 먹을 것을 달라며 뒷문을 두드리는 일이 종종 있었다.

그러면 에디스는 급히 먹을 것을 만들어 대접했다. 그녀가 그들에게 만들어준 음식은 주로 다음과 같았다.

지나가는 행인이 먹을 것 좀 달라고 구걸하면, 나는 부엌으로 달려가 빵에 버터를 바른 다음, 토마토를 가지런하게 잘라 얹고는 그 위에 후춧가루를 뿌렸다. 그리고 베이컨을 프라이팬에 지글지글 구워 그 위에 얹고는 양상치를 두 장 포개어 얹은 뒤 빵을 덮었다. 샌드위치 하나는 대개 이렇게 만들고 또 하나는 내가 좋아하는 재료들만 넣어 만들었다. 대개는 반으로 자른 호도들을 버터 바른 빵에 얹고는 위에 소금을 약간 뿌린 뒤 다시 버터 바른 빵을 덮었다. 이렇게 샌드위치를 두 개 만든 뒤 김이 무럭무럭 나는 뜨거운 수프를 쟁반에 함께 담아 갖다 주었다.[4]

그녀가 쟁반에 샌드위치랑 수프를 담으면 아이들은 꽃을 놓았다. 그러면 에디스는 요한복음의 한 구절을 쪽지에 적어 쟁반에 얹은 뒤 뒷문에서 기다리고 있는 행인에게 갖다주었다.

굶주림과 외로움에 지친 방랑객들이 에디스에게서 이런 대단한 음식을 받아들고 얼마나 큰 놀라움과 기쁨에 휩싸였을런지는 말하지 않아도 짐작할 수 있다. 이렇게 해서 그녀의 집은 여행객들에게 동정을 베푸는 철로 옆의 집으로 소문이 퍼지게 되었는데, 정작 그녀의 가족은 이 사실을 아주 오랜 시간이 흐른 후에야 알게 되었다.

예수님은 "인자는 섬김을 받으러 온 것이 아니라 섬기러 왔다"고 말씀하셨다. 예수님은 주린 자를 먹이셨으며 아이들을 돌봐주셨다. 그리고 제자들의 더러운 발을 씻겨주셨다.

예수님은 제자들의 발을 씻기시고 난 후에 말씀하셨다. "내가 주와 또는 선생이 되어 너희 발을 씻겼으니 너희도 서로 발을 씻기는 것이 옳으니라 내가 너희에게 행한 것같이 너희도 행하게 하려 하여 본을 보였노라"(요 13:14-15).

하나님의 영광을 위해 다른 사람들을 섬기는 것이야말로 우리가 하나님이 보여주신 본보기와 부름을 따르는 가장 좋은 방법이다. 천국에서는 섬김이 아주 큰 힘을 갖고 있다. 또한 아주 큰 보상도 가져다준다. 예수님은 "사람이 나를 섬기려면 … 나를 섬기면 내 아버지께서 저를 귀히 여기시리라"(요 12:26)고 말씀하셨다.

므나의 비유에서 예수님은 신실한 섬김에 대해 주어지는 놀라운 보상의 본질을 밝히신다. 그것은 권위 또는 주권이다. 이 이야기에 나오는 귀인은 가장 신실하고 가장 많은 이익을 남긴 종에게 "잘하였다 착한 종이여 네가 지극히 작은 것에 충성하였으니 열 고을 권세를 차지하라"(눅 19:17)고 말한다. 종이 통치자가 되다니, 이 얼마나 놀라운 역전인가!

영원한 보상을 처음 연구할 때만 해도, 나는 '다스리는 보상 같은 건 별로 원치 않는데!' 라고 생각했었다. 아마 이런 보상은 여러분에게도 별 매력이 없을 것이다. 그러나 천국에서 누리게 되는 주권은 우리가 모두 원할 만한 보상이다. 우리가 하늘나라에 가서 우리가 원래 창조되었던 목적으로 회복된다면, 우리는 우리 자신이 하나님을 위해 리더십을 발휘하도록 창조되었다는 것을 깨닫게 될 것이다.

창세기는 하나님이 특별한 목적을 위해 그분의 형상으로 인류를 창조하셨다고 말한다. 곧 땅에 대한 통치권과 지배권을 가지고 하나님을 섬기게 하기 위해 우리를 창조하신 것이다. 그러나 죄가 들어오면서 통치라는 구속적인 선물을 파괴적인 목적과 이기적인 이익을 위해 사용하게 되었다. 그래서 우리는 권력을 가진 사람이나 그것을 원하는 사람들을 의심의 눈으로 보게 되었다.

그러나 천국에서는 죄의 저주가 영향력을 발하지 못한다. 우리는 자신이 가진 권력을 최대한 사용하여 하나님을 위해 자유롭게 통치권을 행사할 것이다. 우리 자신과 다른 사람들에게 오직 선한 것만을 가져다주면서 말이다. 지금 이 땅에서 잘 섬기는 것은 그곳에서 완벽하게 다스리게 될 것을 의미한다.

오늘 본문에서 예수님은 "너희 중에 누구든지 크고자 하는 자는 너희를 섬기는 자가 되고"라고 말씀하신다. 오늘도 우리는 아주 가까운 곳에서 우리의 교만과 시간과 정력과 재원 및 안락함을 다른 누군가를 위해 내려놓고 그들을 섬길 수 있는 기회를 많이 발견할 수 있을 것이다.

예수님은 당신이 무엇을 하실 것인지 보여주셨다. 예수님은 여러분과 내게 기회 있을 때마다 위대한 일을 하기 위해 허리를 구부리라고 초대하신다.

내 보상의 일기

고맙다는 말도 듣지 못하는 비천한 일을 다른 사람들을 위해 할 때 나는 어떤 기분이 드는가? 하나님은 내가 그분을 섬기기 위한 수단으로 이 땅에서 누구를 좀더 기꺼이 섬기기를 원하실까?

> 주인이 와서 깨어 있는 것을 보면 그 종들은 복이 있으리로다
> 내가 진실로 너희에게 이르노니 주인이 띠를 띠고
> 그 종들을 자리에 앉히고 나아와 수종하리라.
>
> **누가복음 12:37**

Day 18

두 번 받는 보상

종들아 모든 일에 육신의 상전들에게 순종하되
사람을 기쁘게 하는 자와 같이 눈가림만 하지 말고
오직 주를 두려워하여 성실한 마음으로 하라
무슨 일을 하든지 마음을 다하여 주께 하듯 하고
사람에게 하듯 하지 말라
이는 유업의 상을 주께 받을 줄 앎이니
너희는 주 그리스도를 섬기느니라
불의를 행하는 자는 불의의 보응을 받으리니
주는 외모로 사람을 취하심이 없느니라.
골로새서 3:22-25

우리가 하나님을 위해 순교한다면, 하나님은 분명 우리에게 보상해주실 것이다. 그러나 우리가 아주 비천한 일을 하며 하나님을 신실하게 섬긴다면, 어떤 보상을 해주실까? 아니면 우리가 그런 비천한 일을 하고 있다는 사실을 알고는 계실까? 오늘 본문은 우리가 자신의 수고를 전혀 인정해주지 않는 상사를 위해 더할 수 없이 비천한 일도 진심으로 할 수 있다고 주장한다. 그렇게 한 것에 대해 하나님이 보상해주시리라는 것을 알고 있기 때문이다.

얼마 전에, 나는 교육 수준이 높고 아주 낙관적인 젊은 회사원들을 대상으로 세미나를 인도했다. 그들은 부정적인 상황에 처해 있었음에도 불구하고 아주 긍정적인 태도를 지니고 있었다. 그들은 신앙 때문에 많은 차별을 받고 있었으며, 심지어 상사들에게 거의 합법적으로 날마다 학대받고 있었다.

쉬는 시간에, 나는 그 가운데 한 사람에게 이렇게 물어보았다. "직장 상사들에게 그렇게 부당한 대우를 받는데도, 어떻게 그렇게 훌륭한 태도를 유지할 수 있습니까?"

그러자 그는 이렇게 대답했다. "그건 아주 중요한 비밀인데요. 저희는 직장 상사를 위해 일하지 않습니다. 그저 '주께 하듯 전심으로' 일할 뿐입니다. 하나님이 훨씬 더 좋은 고용주시니까요!"

그들은 그리스도의 이름으로 상사를 섬김으로써 그 사람을 존경하라는 성경적 원리에 근거해 직장 생활을 하고 있었던 것이다. 오늘 본문에서 바울이 '주께 하듯' 섬기는 것을 어떤 식으로 묘사하고 있는지 주의 깊게 살펴보라. 그는 '모든 일에 순종하'고 '사람을 기쁘게 하는 자같이 하지 말고', '주를 두려워하여', '성실한 마음으로' 하라고 한다.

즉 상사를 기쁘게 하는 척만 하지 말고, 전심을 다해 섬기라는 얘기다.

우리 직업을 즐기는 첫번째 비결은, 우리가 실제로 누구를 위해 일하고 있는지를 아는 것이다. 우리는 예수님을 위해 일하고 있다. 이 사실을 안다면, 직장에서 맡은 일을 진심으로 하는 것이 그리 어렵지 않을 것이다.

그러나 이것 말고도 한 가지 비결이 더 있다. 그것은 "이는 유업의 상을 주께 받을 줄 앎이니 너희는 주 그리스도를 섬기느니라"(골 3:24)는 바울의 말에서 찾을 수 있다.

우리는 바울이 언급한 '유업의 상'이 구원을 언급하는 것이 아니라는 것을 알고 있다. 구원은 우리 일에 대한 보상이 아니라, 하나님이 그분의 은혜로 주신 선물이기 때문이다. 따라서 두번째 비결은 우리가 나중에 하나님으로부터 '두번째 급여'를 받게 될 것이라는 것이다. 우리는 육신의 상사에게서 우리가 한 일에 대한 대가를 받는다. 물론, 그가 정당한 대가를 지불하지 않을 수도 있다. 그러나 하늘의 상사인 하나님으로부터 두번째로 대가를 받을 것이기 때문에 전혀 낙심할 필요없다. 하나님은 언제나 우리를 공정하게 대하시며 아주 후하게 보상해주실 것이기 때문이다.

두 번 보상받는다는 이 원리는 우리가 하나님을 영화롭게 하기 위해 부름받은 많은 역할에 적용할 수 있다. 주부, 교회 사역자, 이웃, 가족, 친구 등 다양한 역할에 적용할 수 있는 것이다. 우리의 진정한 '상사'는 하나님이시다. 하나님은 너무도 은혜로우시고 관대하셔서, 우리가 이 땅에서 어떻게 섬겼냐에 대해 천국에서 보상해주기로 선택하셨다. 우리가 그 섬김을 '그분께' 하기만 한다면 말이다.

신실하고 순종적인 섬김에 대한 보상은 오늘 여러분에게 달려 있다. 그것은 '하늘나라의 상사'인 하나님이 주시고 싶어하는 보상이다. 예수님의 보상이 존재한다는 것을 믿기 위해서는 믿음이 필요하다. 이 사실은 예수님도 알고 계신다. 예수님은 우리에게 줄 상이 당신께 있다는 것을 간절히 보여주기 원하셨는데, 이것은 그분의 마지막 말에 잘 나타나 있다.

> "보라 내가 속히 오리니 내가 줄 상이 내게 있어 각 사람에게 그의 일한 대로 갚아주리라."
>
> 요한계시록 22:12

하나님은 우리를 돌보신다. 하나님은 우리가 오늘 그분의 이름으로 드리는 겸손한 예배를 눈여겨 지켜보신다. 하나님은 우리에게 하루 속히 보상해주시고 싶어 어쩔 줄 몰라하신다.

 내 보상의 일기

하나님은 내게 누구를 위해 일하라고 하시는가? 그들이 바로 예수님이라고 상상하는 것은 내 태도나 습관 혹은 그들에 대한 내 접근법을 어떻게 변화시키겠는가?

또 내가 들으니 하늘에서 음성이 나서 가로되
기록하라 지금 이후로 주 안에서 죽는 자들은 복이 있도다 하시매
성령이 가라사대
그러하다 저희 수고를 그치고 쉬리니
이는 저희의 행한 일이 따름이라 하시더라.

요한계시록 14:13

또 무엇을 하든지 말에나 일에나 다 주 예수의 이름으로 하고
그를 힘입어 하나님 아버지께 감사하라.

골로새서 3:17

하나님의 은밀한 섬김

사람에게 보이려고 그들 앞에서 너희 의를 행치 않도록 주의하라
그렇지 아니하면 하늘에 계신 너희 아버지께 상을 얻지 못하느니라
그러므로 구제할 때에 외식하는 자가 사람에게 영광을 얻으려고
회당과 거리에서 하는 것같이 너희 앞에 나팔을 불지 말라
진실로 너희에게 이르노니 저희는 자기 상을 이미 받았느니라
너는 구제할 때에 오른손의 하는 것을 왼손이 모르게 하여
네 구제함이 은밀하게 하라
은밀한 중에 보시는 너의 아버지가 갚으시리라.
마태복음 6:1-4

그리스도인 가운데는 선한 일에 선한 이름을 부과하는 것을 부끄러워하는 사람들이 있다. 그 이유는 일을 강조하는 사람들이 종종 선한 일을 나쁜 이름으로 부르는 경향이 있기 때문이다. 선한 일은 그 자체가 복음을 전하는 대체 수단이 될 수 있다. 혹은 하나님께 개인적으로 용납되었다는 척도가 될 수도 있으며 지역 사회에서 어느 정도의 지위를 차지하고 있는지에 대한 표시가 될 수도 있다.

그러나 그리스도인의 삶에는 선한 일들 사이에도 우선순위가 있는데, 신약 성경에서는 이것이 주요 주제로 등장한다. 선한 일이 우리에게 그리스도 안에서의 새 생명을 가져다주는 것은 아니다. 그러나 그것은 우리가 그리스도 안에서 새 생명을 얻었음을 자연스러우면서도 아주 바람직하게 표현해준다. 네 가지 정도 예를 들어보겠다.

- 하나님이 능히 모든 은혜를 너희에게 넘치게 하시나니 이는 너희로 … 모든 착한 일을 넘치게 하게 하려 하심이라(고후 9:8).
- 주께 합당히 행하여 범사에 기쁘시게 하고 모든 선한 일에 열매를 맺게 하시며 하나님을 아는 것에 자라게 하시고(골 1:10).
- 우리 주 예수 그리스도 … 께서 너희 마음을 위로하시고 모든 선한 일과 말에 굳게 하시기를 원하노라(살후 2:16-17).
- 저희로 하여금 … 모든 선한 일 행하기를 예비하게 하며(딛 3:1).

당신은 '선한 일을 하는 사람들'에 대해 의심하는 마음을 갖고 있는가? 그래서 선한 일과 영원한 보상에 대한 예수님의 말에 아주 신중하게 반응하고 있는가?

오늘은 하나님의 은밀한 섬김에 동참해보라.

예수님은 하나님을 영화롭게 하는 일과 그렇지 않은 일을 시험해

볼 수 있는 가장 실제적이고도 강력한 도구는 바로 은밀함이라고 정의하셨다. 그런데 흥미롭게도, 예수님 당시에 선을 행하는 전문가였던 바리새인들은 은밀함이라고는 전혀 모르는 사람들이었다.

그들은 자신이 하는 모든 종교적 행동에 대해 사람들로부터 가장 많은 인정을 받기 원했다. 그래서 무언가를 베풀 때마다 남들이 그 사실을 알도록 나팔을 불었다. 오늘 본문은 당시에 그런 관행이 유행했음을 보여준다. 사람들은 그들을 보며 영생이 무엇인지를 보여주는 사람들이라고 생각했다. 그러나 예수님은 말씀하셨다. "사람에게 보이려고 그들 앞에서 너희 의를 행치 않도록 주의하라 그렇지 아니하면 하늘에 계신 너희 아버지께 상을 얻지 못하느니라."

오늘도 당신은 예수님의 이름으로 다른 사람들을 섬길 수 있는 많은 기회를 만날 것이다. 그런데 한 가지 주의할 점이 있다. 그것은 바로 은밀함을 연습하는 것이다. 선한 일을 하더라도 남몰래 하라. 가장 좋은 방법은 자신은 드러나지 않고 오직 하나님만이 영광받으시게 하는 것이다.

한번은 이런 대담한 질문을 받은 적이 있었다. "저희 교회에서 다섯 블록 떨어진 반경 내에서 하나님의 영광을 드높이려면 어떻게 해야 할까요? 물론, 저희는 영광받지 않고 오직 하나님만 영광받으시게 해야죠." 그들은 자신은 물론이거니와 자신의 교회조차 관심의 대상이 되는 것은 옳지 않다고 생각했다.

그런 다음, 그들은 계획을 세워 실행에 옮겼다. 우선 선행을 베푼 다음, 뒤에 숨어서 지켜보았다. 그들은 분쟁이 일어나면 수임료 한 푼 받지 않고 눈에 띄지 않는 곳에서 중재하고 변론해주었으며, 고쳐주는 일도 은밀하게 했다. 생활고에 시달리는 가정이 있으면 음식을 문 앞에 두고 오기도 했다. 그들은 예수 그리스도의 은밀한 사도로 이 모든 것을 한 것이다.

"저희는 사람들이 감사하여 하나님께 찬양을 돌리지 않을 수 없도록 그 모든 일을 하려고 했습니다." 그 중 한 사람이 나중에 이렇게 말했다. "이번 일을 통해 저희는 천사, 사자 혹은 하나님을 섬기는 종이 되는 것이 무엇을 의미하는지에 대해 몇 가지를 배웠습니다. 하나님은 곤궁에 처한 사람에게 눈에 보이지는 않지만 극적인 영향력을 미치고 계셨습니다. 정말이지 그것은 대단한 모험이었습니다!"

마크 부캐넌 목사는 「당신의 하나님은 너무나 안전하시다(Your God Is Too Safe)」라는 책에서 이렇게 말한다. "우리는 남들에게 보이기 위해 혹은 하나님께 찬양을 돌리기 위해 선한 일을 한다. 은밀함은 우리가 만들 수 있는 가장 심오한 신학적 진술 가운데 하나다. 그것은 하나님의 보상이 사람의 보상보다 훨씬 더 중요하다는 것을 믿는 믿음 위에서 행동하는 것이다. 또 하나님은 신뢰할 수 있는 분

이심을 믿는 것이다." [5]

여러분은 어떤가? 하나님이 여러분에게 그분을 위해 선한 일을 하라는 열정을 불어넣어주시는 것 같지 않은가? 그렇다면 부끄러워하지 말고, 남들 눈에 띄지 않게 그 일을 하라.

내 보상의 일기

예수님은 금식하고 기도하는 것도 은밀한 가운데서 하면, 보상이 있을 것이라고 하셨다(마 6:6, 18). 이것은 영적 훈련에 대한 내 사고방식에 어떤 영향을 끼치는가?

선한 일을 할 때 은밀히 하도록 하라.
자신의 미덕을 볼 생각 같은 것은 꿈에도 하지 말라.
당신이 한 일 가운데 남들에게서 칭찬받을 만한 일은 숨기도록 하라.
관대함을 베풀고 거기에 대해 교만한 생각을 하면,
당신이 전한 기부금을 욕되게 할 수도 있기 때문이다.
지금 선한 일을 하고 있다면, 아주 은밀히 당신 자신조차도
칭송받을 만한 일을 하고 있다는 것을 인식하지 못하도록 하라.
그리고 하나님이 그 일 가운데 임재하시게 하라.
그러면 많은 사람들이 당신의 말에 귀를 기울일 것이다.
그리고 하나님이 당신에게 보상해주실 것이다.

아빠가 아이에게 보상해주듯 보상해주실 것이며,
많은 사람들 앞에서 '공개적으로' 보상해주실 것이다.
당신이 하나님을 위해 그 일을 전심으로 했다는 것을
알아주며 보상해주실 것이다.

찰스 스펄전(Charles Spurgeon)

자유하게 하는 온전한 율법을 들여다보고 있는 자는
듣고 잊어버리는 자가 아니요 실행하는 자니
이 사람이 그 행하는 일에 복을 받으리라.

야고보서 1:25

Day 20
하나님이 '어리석다'고 하시는 사람

또 비유로 저희에게 일러 가라사대
한 부자가 그 밭에 소출이 풍성하매 심중에 생각하여 가로되
내가 곡식 쌓아둘 곳이 없으니 어찌할꼬 하고 또 가로되 내가 이렇게 하리라
내 곡간을 헐고 더 크게 짓고 내 모든 곡식과 물건을 거기 쌓아 두리라
또 내가 내 영혼에게 이르되 영혼아 여러 해 쓸 물건을 많이 쌓아 두었으니
평안히 쉬고 먹고 마시고 즐거워하자 하리라 하되.

누가복음 12:16-19

예수님 당시에도 돈에 대한 생각은 오늘날 우리와 별반 다르지 않았다. 죽을 때 가져갈 수 없으니, 취할 수 있는 것은 전부 가져 즐길 수 있을 때 즐기자고 생각한 것이다. 사실, 신약 시대에는 한 사람의 재산이 그의 영적 상태와 하나님이 그에게 은총을 베푸시는지에 대한 징표로 간주되었다.

따라서 돈과 소유에 대한 예수님의 가르침이 당시 사람들에게는 아주 놀랍게 들렸을 것이다. 완벽한 삶을 살고 있는 것 같아 보이는 젊은 부자에게 예수님은 "네게 있는 것을 다 팔아 가난한 자들을 나눠주라"(눅 18:22)고 말씀하셨다.

불행하게도, 어떤 사람들은 그리스도인이 재물에 관심 갖는 것은 영적이지 못하다고 결론짓기도 한다. 그러나 예수님은 돈을 우상화하는 것이 하나님과의 사이를 멀게 할 수는 있지만, 그것을 소유하는 것 자체가 잘못이라고는 가르치지 않으셨다. 대신, 예수님은 돈이란 우리가 어디로 갈 때 가지고 갈 수 있는 방식으로 관리해야 한다고 강조하셨다.

예수님은 다음과 같이 말씀하셨다.

> "너희를 위하여 보물을 땅에 쌓아두지 말라 거기는 좀과 동록이 해하며 도적이 구멍을 뚫고 도적질하느니라 오직 너희를 위하여 보물을 하늘에 쌓아두라 거기는 좀이나 동록이 해하지 못하며 도적이 구멍을 뚫지도 못하고 도적질도 못하느니라 네 보물 있는 그곳에는 네 마음도 있느니라."
>
> 마태복음 6:19-21

하늘나라에 재물을 쌓아두는 것이 과연 영성이 뛰어난 사람들만이 할 수 있는 일일까? 절대로 그렇지 않다. 「하나님이 상 주시는 삶」에서도 살펴보았듯이, '쌓아두다' 라는 그리스어는 하나님의 명령으로 보아야 한다. 이 점을 지적하기 위해, 예수님은 천국에 재물을 쌓아두지 않은 부유한 사람에 대한 이야기를 들려주셨다.

하나님은 그를 어리석은 자라고 부르셨다.

오늘 본문에서도 알 수 있다시피, 그가 손대는 것은 모두 돈이 되는 것 같았다. 그는 투자 전략도 아주 똑똑하게 세웠다. 종자돈을 많이 마련하여 큰 수익을 얻을 수 있는데 투자했으며, 그 다음에는 여유롭게 인생을 즐겼다.

그러나 예수님은 그에게 이렇게 말씀하셨다.

"하나님은 이르시되 어리석은 자여 오늘 밤에 네 영혼을 도로 찾으리니 그러면 네 예비한 것이 뉘 것이 되겠느냐 하셨으니."
누가복음 12:20-21

그가 어리석었던 이유는 재산을 오직 이 땅에만 쌓아두고 하늘에는 쌓아두지 않았기 때문이었다. 이 부분에서 예수님은 재산을 현명하게 관리해서는 안 된다고 가르치시는 것이 아니다. 그러나 우리가 이 세상에서 재산을 축적하는 것밖에 모른다면, 우리는 어리석은 자일 수밖에 없다. 결국에는 모든 것을 잃을 것이기 때문이다.

예수님은 재산 관리와 관련하여 몇 가지 실제적인 조언을 해주신다. 첫째, 이 땅에서 필요한 것을 갖기 위해서는 하나님을 먼저 섬겨야 한다(마 6:33, 눅 12:31). 둘째, 그 재물을 하늘나라에 가져가기 위해서는 하나님의 일에 그 재물의 일부를 써야 한다. 예수님은 "너희 소유를 팔아 구제하여 낡아지지 아니하는 주머니를 만들라 곧 하늘에 둔 바 다함이 없는 보물이니 거기는 도적도 가까이하는 일이 없고 좀도 먹는 일이 없느니라"(눅 12:33)고 말씀하셨다.

이 세상에서 곤궁한 자들에게 우리의 재산을 나누어주는 것과 하늘나라에서 우리를 위해 영원히 없어지지 않을 보물을 공급하는 것 사이에는 분명 상관관계가 있다. 이 같은 상관관계는 바울이 디모데에게 한 조언에서도 엿볼 수 있다. 그는 부유한 자들에게 "선한 일을 행하고 선한 사업에 부하고 나눠 주기를 좋아하며 동정하는 자가 되게 하라 이것이 장래에 자기를 위하여 좋은 터를 쌓아 참된 생명을 취하는 것이니라"(딤전 6:18-19)고 명한다.

예수님의 이야기에 나오는 바보는 세속적인 거짓말에 빠져들었다. 그는 이 세상에서 소유하고 있는 보물이 진짜라고 생각했다. 당신은 당신의 돈과 재산을 어떻게 관리하고 있는가? 당신은 이 세상에서 최고의 수익을 올리기 위해 투자하고 있는가, 아니면 영원에서 최고의 수익을 올리기 위해 투자하고 있는가?

우리의 진정하고도 영원한 재물은 하늘나라에 있다. 예수님은 우리가 하늘나라에 갔을 때 재산이 많기를 바라신다.

내 보상의 일기

나는 얼마나 많은 보물을 하늘나라에 모아두었을까? 내가 하늘나라에 쌓아둔 보물을 인식할 때 내 습관을 어떻게 바꿀 수 있을까?

> 우리는 사람들에게 얼마나 많이 베푸며 사냐고 묻는다.
> 그러나 그리스도는 사람들에게
> 얼마나 많이 움켜쥐고 있냐고 묻는다.
>
> 앤드류 머레이(Andrew Murray)

Day 21

혁신적인 삶

이에 예수께서 제자들에게 이르시되 아무든지 나를 따라오려거든
자기를 부인하고 자기 십자가를 지고 나를 좇을 것이니라
누구든지 제 목숨을 구원코자 하면 잃을 것이요
누구든지 나를 위하여 제 목숨을 잃으면 찾으리라
사람이 만일 온 천하를 얻고도 제 목숨을 잃으면 무엇이 유익하리요
사람이 무엇을 주고 제 목숨을 바꾸겠느냐
인자가 아버지의 영광으로 그 천사들과 함께 오리니
그때에 각 사람의 행한 대로 갚으리라.
마태복음 16:24-27

예수님은 이 땅에서 예수님을 위해 사는 것이 무엇을 의미하는지를 정의하시며, 다음과 같은 아주 놀라운 말씀을 하셨다.

"아무든지 나를 따라오려거든 자기를 부인하고 자기 십자가를 지고 나를 좇을 것이니라."

마태복음 16:24

자기를 부인하고 십자가를 지라. 자기 삶은 잃어버리라. 이 같은 말로 과연 예수님이 의미하고자 하는 바는 무엇이었을까? 물론, "우리 모임에 참여해보세요." 혹은 "우리 교회에 와보세요" 같은 것은 절대로 아니다. 예수님은 제자도란 생명을 위해 사는 것이라는 더할 수 없이 혁신적인 정의를 내리신다.

그런데 생명을 위한 삶이라는 용어는 그럴 듯하게 얼버무리기도 쉽고 그 의미를 다 같이 놓쳐버리기도 쉬운 용어다. 이 구절에 나오는 '내가 져야 할 십자가'라는 어구는 최근 들어 성가신 불편함이나 불리함을 의미하게 되어 그 본래의 의미가 많이 희석되었다(이를테면, 내 코가 너무 크다든지, 내가 아주 불쾌하게 생각하고 있는 이웃은 이사갈 조짐이 전혀 안 보인다든지 하는 식으로 말이다).

그러나 예수님은 이와는 완전히 다른 무언가를 의미하셨다. 제자들이라면 그 의미를 즉시 이해할 만했다. 사형 언도를 받은 남자들이 쇠사슬에 묶인 채 십자가를 지고 발을 끌며 처형장으로 가고 있다. 로마인들이 지운 십자가는 너무도 무겁고 험했다. 그런 십자가를 지고 간다는 것은 실로 부끄럽고 지치게 하는 일이었다. 그렇게 한참을 가다 보면 뼈가 으스러지는 듯한 고통이 밀려왔다.

때가 되면, 제자들은 예수님이 자신이 겪게 될 죽음을 그 말로 묘사했다는 것을 알게 될 것이다.

그러나 예수님을 위해 우리 삶을 포기하라는 그분의 부르심이 우리에게는 너무도 급진적으로 들린다. 마찬가지로, 우리 삶을 포기하는 행동이 왜 우리에게 '유익'을 안겨다주는지에 대한 그분의 약속 역시 급진적으로 들린다. 그런데 그것이 우리에게 유익한 이유는 그것만이 우리의 생명을 구할 수 있는 유일한 방법이기 때문이다. 또한 그것은 영원 속에서 예수님이 우리를 위해 해줄 수 있는 것 때문에도 유익하다.

예수님은 장차 무엇을 하실지 다음과 같이 계시하셨다.

"인자가 아버지의 영광으로 그 천사들과 함께 오리니 그때에
각 사람의 행한 대로 갚으리라."

27절

예수님은 나중에 하나님께 보상을 받으려면 지금 우리의 생명을 바쳐야 한다고 말씀하신다. 그분은 우리가 그런 혁신적인 교환에 동의한다면, 자신이 찾고 있는 삶을 지금은 물론이거니와 영원에서도 발견할 수 있다고 말씀하신다.

우리는 다양한 관점, 즉 좋은 친구들, 좋은 교우 관계, 감정적으로 만족스러운 예배, 개인적 치유 그리고 현명한 삶 등에서 기독교적인

삶에 대해 이야기할 수 있다. 그러나 그런 것들은 부산물에 불과하다. 무엇보다 지금 우리는 아주 혁신적이고도 개인적인 교환에 응하라는 부르심을 받고 있다.

오늘, 나는 여러분에게 한 가지 질문을 하려고 한다. 여러분은 예수님의 부르심, 곧 예수님의 부르심이 제기할 수 있는 모든 혁신적이고도 개인적인 가능성에 가슴과 마음을 열었는가?

최근에 나는 제자도와 관련하여 다음의 몇 가지 선택 사항들이 실행에 옮겨지는 것을 보았다. 그래서 여러분에게 생각해보고 기도해보라는 도전의 의미로 한 번 소개해보려고 한다.

- 수입의 10퍼센트로만 생활하고 나머지 90퍼센트는 하나님께 드리기로 결심하라. 그것이 가능하도록 삶의 표준을 조정하고 하나님이 주실 기쁨을 기대하라.
- 방 하나를 하나님을 위한 일에 전적으로 드리라. 예수님의 사랑이 없이는 마음을 열고 받아들일 수 없는 사람을 집으로 초대하라. 그리고 예수님께 이번 주에는 이 방으로 무엇을 하기 원하시는지 여쭈어보라.
- 하루에 여섯 시간 기도하라.
- 아무리 상대하기 어렵고 불공평한 사람이라도 나에게 권위를 가

진 사람이라면 순종하도록 하라. 왜냐하면, 그 사람 뒤에는 우리의 진정한 주인이신 예수님이 계시기 때문이다.
- "하나님의 사역을 유익하게 하기 위해 어떻게 하면 좀더 직접적인 방식으로 내 기술을 사용할 수 있을까?"를 물어보라.
- 당신이 가장 소중히 여기는 물건이 있다면, 그것을 더 귀히 여겨 줄 사람에게 주라.
- 다음 번 가족 휴가 때는 온 가족이 함께 선교 여행을 가라.
- 선교를 위한 실제적인 기술을 열두 달 안에 성취할 수 있도록 계획을 세우라. 그리고 해마다 유사한 계획을 세워 꾸준히 실천해 보라.
- TV 보는 시간을 영원한 보상을 위한 시간으로 바꾸어 활용하라. 그 시간을 사람들의 삶에 투자하는 시간으로 사용하는 것이다. 먼저 당신의 가족부터 시작하라. 그런 다음, 다른 사람들에게로 확장해나가라. 그리고 하나님이 어떤 일을 하시는지 하나하나 적어 나가라.
- 일주일에 4일 동안은 하루에 열 시간씩 일하고 하루는 선교에 온전히 헌신하라.
- 교회 일 가운데 아무도 자원자로 나서지 않는 중요한 일에 당신이 지원하라. 그 자리를 받아들이고 어떤 이의도 제기하지 말라.

- 일주일에 하루는 금식하라. 식사 시간마다 무릎 꿇고 기도하며 성경 말씀을 읽으라.

예수님의 제자들은 영원을 통해 메아리칠 선택을 하는 사람들이다. 모든 선택은 예수님을 따르는 것이 무엇을 의미하는지 이해한 뒤, 그분께 시선을 고정시키고 영원에 희망을 품음으로써 시작된다.

내 보상의 일기

나는 과거에 그리스도를 위해 어떤 '혁신적인' 삶을 살았는가? 그렇게 사는 것은 내게 어떤 느낌을 주었는가? 오늘 내가 예수님을 위해 혁신적인 선택을 하지 못하도록 방해하는 것에는 무엇이 있는가?

당신이 할 수 있는 모든 수단을 동원하여,
당신이 할 수 있는 모든 방법으로,
당신이 할 수 있는 모든 장소에서,
당신이 할 수 있는 모든 시간을 사용하여,
당신이 할 수 있는 모든 사람에게 할 수 있는 한 오래도록,
가능한 한 모든 선을 베풀라.

존 웨슬리(John Wesley)

넷째 주

천국에 있는 집

"내가 너희를 위하여 처소를 예비하러 가노니 …

나 있는 곳에 너희도 있게 하리라."

요한복음 14:2-3

Day 22

천국은 실재하는 곳이다

*가로되 예수여 당신의 나라에 임하실 때에 나를 생각하소서 하니
예수께서 이르시되 내가 진실로 네게 이르노니
오늘 네가 나와 함께 낙원에 있으리라 하시니라.*
누가복음 23:42-43

"소년이었을 때는 저는 지옥에 대해 생각하는 것보다 천국에 대해 생각하는 것이 훨씬 더 공포스러웠습니다." 이것은 19세기의 저명한 영국 목회자인 데이비드 로이드 조지(David Lloyd George)의 고백이다. "그때는 천국을 떠올리면, 언제나 주일뿐이어서 도망가지도 못하고 꼼짝 없이 예배만 드려야 하는 곳이라는 생각이 지배적이었습니다. 생각만 해도 끔직한 악몽이었어요. 그래서 그때부터 10년 동안 무신론자로 지냈습니다."

이 말에 공감할 수 있겠는가? 나는 충분히 할 수 있다. 나는 천국이 종려나무 가지를 흔들며 합창하는 천사들로 가득 찬 곳이라는 말을

들으며 자랐다. 그런데 내 상상 속에서는 그 합창이 영원히 끝나지 않을 것처럼 느껴지곤 했다.

이 책으로 공부하는 것도 이번 주가 마지막이다. 이번 주에는 예수님이 영원에 대해 어떻게 계시하셨는지를 살펴볼 것이다. 그리고 "천국(그리고 지옥)은 어떤 곳일까?", "보상은 그곳에서의 우리 경험을 어떻게 변화시킬까?", "천국은 사람들마다 제각각 다른 모습으로 펼쳐질까?" 등과 같은 질문들을 던질 것이다.

잠시 시간을 내서, 천국이라고 하면 맨 먼저 뭐가 떠오르는지 생각해보라. 나는 다음과 같은 대답을 종종 들었다.

- 구름
- 휴식(젊은 엄마들은 이 말에 강하게 끌릴 것이다).
- 진주 문
- 오랫동안 보지 못한 가족 및 친구들을 방문할 수 있는 시간(특히, 조부모를 방문하는 시간이 가장 즐거울 것이다).
- 모세(찰턴 헤스턴을 아주 많이 닮은 모습).
- 예수님과 함께 있는 것
- 완벽한 꿈

천국은 중요하다. 천국에 대해 무엇을 믿느냐는 지금부터 1분 뒤에 우리가 무엇을 할 것인가를 바꿀 수 있는 강한 힘을 갖고 있다. 그렇다면, 천국에 대한 진리는 무엇일까?

예수님은 천국에 대해 아주 사실적으로 말씀하셨다. 예수님은 천국을 하나님 아버지와 천사들의 집으로 묘사하셨다. 그곳은 예수님이 왕좌에 앉아 심판하고 다스리는 곳이며 그분을 따르는 모든 사람들이 간절히 가고 싶어하는 곳이다.

천국에서 우리가 누리게 될 삶에 대해서는 너무도 많은 부분들이 알려져 있지 않다. 우리는 천국에 대해 아무것도 알 수 없다. 그 이유는 천국이 세상적인 이해에 의해 제한되어 있기 때문이다. 오늘 나는 여러분에게 천국은 꿈이나 영화나 영적인 개념이 아니라는 것을 한 번 생각해보기를 권한다. 천국은 꿈이 아니라, 실재하는 곳이다.

그러나 어쨌든, 천국에 대해 생각할 때면, 우리는 '달콤한 공허'를 생각하곤 한다. 그러니, 사람들이 천국은 지루한 곳일 것이라고 생각하는 것도 무리는 아니다.

하나님이 인간을 위해 만드신 낙원인 에덴 동산을 한 번 생각해보자. 그곳에서 아담과 하와가 하루 종일 합창만 했을까? 물론 아니었다. 그들은 목적과 일과 기회와 교제와 책임과 기쁨과 성취감을 갖고 있었다. 따라서 천국도 그럴 것이다. 우리 하나님은 목적을 갖고 계시며 역사 중이시고 관계 지향적이며 창조적이시다.

신약 성경에 등장하는 천국에 대한 묘사 가운데 몇 가지는 너무도 구체적이고 친숙해서 놀라움을 금치 못할 정도다. 예를 들면 다음과 같다.

- **거주.** "내 아버지 집에 거할 곳이 많도다 그렇지 않으면 너희에게 일렀으리라 내가 너희를 위하여 처소를 예비하러 가노니"(요 14:2).
- **거리와 문들.** "그 열두 문은 열두 진주니 문마다 한 진주요 성의 길은 맑은 유리 같은 정금이더라"(계 21:21).
- **강, 나무 그리고 열매.** "길 가운데로 흐르더라 강 좌우에 생명 나무가 있어 열두 가지 실과를 맺히되 달마다 그 실과를 맺히고 그 나무 잎사귀들은 만국을 소성하기 위하여 있더라(계 22:2).
- **성도들과의 교제.** "그러나 너희가 이른 곳은 시온 산과 살아 계신 하나님의 도성인 하늘의 예루살렘과 천만 천사와 하늘에 기록한 장자들의 총회와 교회와 만민의 심판자이신 하나님과 및 온전케 된 의인의 영들과(히 12:22-23).
- **섬김.** "다시 저주가 없으며 하나님과 그 어린 양의 보좌가 그 가운데 있으리니 그의 종들이 그를 섬기며"(계 22:3).

- **만찬.** "어린 양의 혼인 잔치에 청함을 입은 자들이 복이 있도다" (계 19:9).
- **하나님과의 교제 및 친밀함.** "오늘 네가 나와 함께 낙원에 있으리라"(눅 23:43).
- **찬양과 예배.** "보좌에서 음성이 나서 가로되 하나님의 종들 곧 그를 경외하는 너희들아 무론 대소하고 다 우리 하나님께 찬송하라"(계 19:5).
- **휴식과 보상.** "기록하라 자금 이후로 주 안에서 죽는 자들은 복이 있도다 하시매 성령이 가라사대 그러하다 저희 수고를 그치고 쉬리니 이는 저희의 행한 일이 따름이라 하시더라"(계 14:13).

언젠가는 당신도 천국에서 예수님과 함께 있자는 그분의 개인적인 초청이 완성되는 것을 경험할 것이다. 이 얼마나 새롭고도 실제적인 시작이 될까! 하나님이 그곳에서 우리를 위해 무엇을 예비해놓으셨는지는 어느 누구도 알지 못한다(고전 2:9).

예수님은 십자가에 달리셨을 때 자기 옆에서 죽어가는 도둑에게 꿈에 대한 약속으로 위로하지 않으셨다. 예수님은 그에게 아주 실제적인 약속을 해주셨다. "내가 진실로 네게 이르노니 오늘 네가 나와 함께 낙원에 있으리라"(눅 23:43). 예수님은 돌아가시지 않으셨다. 따라서 우리도 천국에서 영원히 살 수 있다는 것을 오늘 확신할 수 있다.

내 보상의 일기

성경이 말하는 천국은 내가 자라면서 믿어온 천국과 어떻게 다른가? 성경이 천국에 대해 묘사할 때 어떤 느낌이 드는가?

> 네가 죽도록 충성하라
> 그리하면 내가 생명의 면류관을 네게 주리라.
>
> 요한계시록 2:10

> 소망이 부끄럽게 아니함은 우리에게 주신 성령으로 말미암아
> 하나님의 사랑이 우리 마음에 부은 바 됨이니.
>
> 로마서 5:5

Day 23

가족 재회

사랑하는 자들아 우리가 지금은 하나님의 자녀라
장래에 어떻게 될 것은 아직 나타나지 아니하였으나
그가 나타내심이 되면 우리가 그와 같을 줄을 아는 것은
그의 계신 그대로 볼 것을 인함이니
주를 향하여 이 소망을 가진 자마다
그의 깨끗하심과 같이 자기를 깨끗하게 하느니라.
요한일서 3:2-3

    천국은 하나님의 가족이 재회를 하는 곳이다. 그곳에는 모든 인류가 초대된다. 하나님의 초청을 받는 우리에게는 지금 이 순간이 본향에 갈 때까지 준비하는, 일시적으로 감당해야 하는 사명에 지나지 않는다. 천국으로 가는 우리의 여정에는 기분 좋은 때도 있지만 고난으로 가득 찬 때도 있다.

    그러나 우리 여정은 언젠가는 끝날 것이며, 우리는 생명에서 사망으로 옮겨갈 것이다. 그때가 되면 우리는 본향에서 하나님과 함께 있게 될 것이다. 이 얼마나 놀라운 일인가!

오늘은 본향으로 가는 우리의 여정에 대해 성경이 기록하고 있는 몇 가지 놀라운 점에 대해 생각해보자.

1. **우리는 모두 하나님께 환영받을 것이다.** 예수님은 "내가 너희를 위하여 처소를 예비하러 가노니 … 나 있는 곳에 너희도 있게 하리라"(요 14:2-3)고 말씀하셨다. 천국은 하나님의 모든 자녀들에게 집처럼 포근하게 느껴질 것이다. 저녁에 문간에 서서 아들이 돌아오기를 기다리는 자상한 아버지처럼, 하나님은 우리가 천국에 도착할 때 기쁜 얼굴로 맞아주실 것이다(비록 우리가 진흙투성이 신발을 신고 무릎에 구멍이 뚫린 바지를 입고 나타난다 하더라도). 하나님이 우리와 함께하기를 고대하고 기뻐하시는 것을 우리는 느낄 수 있을 것이다.

2. **우리는 모두 변화될 것이다.** 오늘 본문은 "장래에 어떻게 될 것은 아직 나타나지 아니하였으나 그가 나타내심이 되면 우리가 그와 같을 줄을 아는 것은 그의 계신 그대로 볼 것을 인함이니"(2절)라고 말한다. 바울은 "우리도 변화하리라 이 썩을 것이 불가불 썩지 아니할 것을 입겠고 이 죽을 것이 죽지 아니함을 입으리로다"(고전 15:52-53)고 말했다.

3. **우리는 모두 예배하게 될 것이다.** 예배는 하나님과 그분의 선하심을 경험하고 나면, 도저히 그만둘 수 없는 아주 자연스러운 반응이 될 것이다. 천국에서 하나님의 온전하심을 향유할 때, 우리는 감사와 흠모와 찬양으로 자연스럽게 호흡하게 될 것이다.
4. **우리는 모두 고통이 끝나는 것을 경험하게 될 것이다.** 천국에는 고통도 슬픔도 굶주림도 목마름도 외로움도 부족함도 죄도 죽음도 더 이상 없을 것이다. 어떤 종류의 고통도 없을 것이다(계 21:4).

우리가 경험하게 될 영원은 "하나님이 자기를 사랑하는 자들을 위하여 예비하신 모든 것"(고전 2:9)으로 인해 놀라게 될, 그런 영원일 것이다.

그렇다면, 우리의 놀라운 미래에 비추어볼 때, 하나님은 오늘 우리에게 무엇을 요구하실까? 사도들은 천국에 관한 진리에 다음의 두 가지 중요한 반응을 직접적으로 연결했다.

천국에 대한 희망은 우리에게 자신을 정결케 하라고 손짓한다. 놀라운 미래에 대한 약속을 가진 하나님의 자녀로 살게 되면 오늘 내 모습이 변화될 수 있다. 요한은 "그의 계신 그대로 볼 것을 인함이니 주를 향하여 이 소망을 가진 자마다 그의 깨끗하심과 같이 자기를 깨끗하게 하느니라"(요일 3:2-3)고 썼다.

오늘 예수님의 얼굴을 마주 대할 것이라고 생각해보라. 예수님의 임재 안에서 거룩한 존재로 살 것도 생각해보라. 이 영원한 현실에 대한 지식만 갖고 있어도 죄들이 던지는 미끼에 아무런 매력을 못 느끼게 되며, 그것이 눈에 띄게 기만적이고 값비싼 대가를 요구한다는 것을 분명히 인식하게 될 것이다.

보상에 대한 희망은 우리에게 하나님을 섬기라고 손짓한다. 바울은 고린도 교회 교인들에게 그들의 믿음이 부활의 실재에 얼마나 중요한 축을 이루고 있는지 설명한 뒤, "그러므로 내 사랑하는 형제들아 견고하며 흔들리지 말며 항상 주의 일에 더욱 힘쓰는 자들이 되라 이는 너희 수고가 주 안에서 헛되지 않은 줄을 앎이니라"(고전 15:58)고 결론내렸다.

오늘은 하나님께 받은 또 다른 선물이다. 우리는 그것을 잊고, 오늘이라는 시간을 너무 쉽게 보내버릴 수 있다. 그리고 시간이라는 선물에 포장된 영원이라는 상도 잃어버릴 수 있다.

우리는 가능한 모든 방법으로 신실하고도 즐겁게 하나님을 섬길 수 있다. 하나님의 이름으로 하는 모든 행위는 우리가 그분의 가족 재회에서 만나는 그 놀라운 날에 영원히 중요한 의미를 가질 것이라는 사실을 알면서 말이다.

 내 보상의 일기

"사랑의 주님, 제가 당신의 가족인 게 얼마나 감사한지 모르겠습니다. 오늘도 당신의 자녀처럼 행동하도록 도와주십시오."

나는 의로운 중에 주의 얼굴을 보리니
깰 때에 주의 형상으로 만족하리이다.

시편 17:15

여인들이 지금처럼 우는 한, 나는 싸울 것이다.
아이들이 지금처럼 굶주리는 한, 나는 싸울 것이다.
남자들이 지금처럼 감옥에 들락날락하는 한, 나는 싸울 것이다.
술주정꾼이 한 사람이라도 남아 있고,
길잃은 불쌍한 소녀가 한 명이라도 길 위를 배회하는 한,
그리고 하나님의 빛을 알지 못하는
어두운 영혼이 한 영혼이라도 있는 한,
나는 싸울 것이다. 끝까지 싸울 것이다.

구세군 창립자, 윌리엄 부스(William Booth)

Day 24
모두를 위한 놀라운 것
(그리고 몇몇을 위한 훨씬 더 나은 것)

내 아버지께서 나라를 내게 맡기신 것같이
나도 너희에게 맡겨 너희로 내 나라에 있어
내 상에서 먹고 마시며 또는 보좌에 앉아
이스라엘 열두 지파를 다스리게 하려 하노라.
누가복음 22:29-30

「야베스의 기도」에서도 살펴보았지만, 하나님은 우리가 이생에서 풍성한 삶을 누리게 해달라고 끊임없이 간구하기를 원하신다. 이 책에서는 하나님은 우리가 그분을 위해 지금 이 세상에서 열심히 일하기를 원하신다는 것을 살펴보려고 한다. 나는 여러분이 다가올 생애에서 하나님이 우리에게 풍족하게 보상해주실 것이라는 사실을 알기 바란다.

오늘은 하나님의 계획의 뒷면에 초점을 맞추려고 한다. 즉 축복과 보상을 간구하고 그것을 위해 일하는 사람들은 축복과 보상을 받는다면, 그것을 구하지 않는 사람들은 받지 못할 수도 있다는 것을 말하려고 한다.

예수님은 제자들이 "보소서 우리가 모든 것을 버리고 주를 좇았사오니 그런즉 우리가 무엇을 얻으리이까"(마 19:27)라고 여쭈어보았을 때 움찔하는 기색을 조금도 보이지 않으셨다. 그때 예수님은 제자들에게 그들이 너무 많은 것을 기대하는 것에 대해 말씀하지 않으셨다. 대신 '내가 진실로 너희에게 이르노니'라며 부활 후에는 그들도 열두 왕좌에 앉아 이스라엘을 심판하게 될 것이라고 말씀하셨다. 그리고 예수님을 따르기 위해 모든 것을 버린 '사람들'은 모두 다른 경로를 통해 얻을 수 있는 것보다 백 배나 많은 것을 돌려받게 될 것이라고도 말씀하셨다(28-29절).

그러나 천국에 가게 되면, 지배하고 다스리는 사람도 있는 반면, 그렇지 못한 사람도 있을 것이다. '너무 기쁜' 보상을 받는 사람도 있는 반면(마 5:12), 그렇지 못한 사람도 있는 것이다.

그러므로, 천국은 모든 사람에게 똑같은 곳이 되지 않을 것이다.

이 말이 놀라운가? 이렇게 말하면, 사람들은 대부분 다음과 같이 반응하곤 한다. "천국에도 계급이 있다면, 정말 가고 싶지 않아요. 계급이라면 지금 이 세상에서 누리는 것만으로도 충분하거든요." 혹은 "모든 사람에게 똑같지 않은 천국이라면 조금도 천국 같지 않을 거예요."

어쩌면 여러분은 천국이 대규모 공동 농장 같을 것이라고 생각하고 있을지도 모르겠다. 임금도 똑같고 각자 맡은 일도 똑같으며 보상도 공정하게 배분되는 그런 농장 말이다. 그러나 성경은 천국이 그런 곳이라고 말하지 않는다. 그리고 공산주의는 지금 이 세상에서도 제대로 운영되지 못하는 것처럼 천국에서도 그럴 것이다.

전 소비에트 연방이 해체된 후에, 나는 그곳에서 일하고 있는 근로자들을 방문한 적이 있다. 그들의 생산성이나 제품의 질은 산업 사회에 비해 현저하게 떨어져 있었다. 한 근로자에게 이 시스템이 실패한 이유가 무엇 때문인 것 같냐고 묻자 그는 이렇게 대답했다. "제가 하루 종일 열심히 일하든 빈둥거리며 놀든 임금에 아무 차이가 없으니까요. 아무것도 달라지지 않는데 뭐하러 열심히 일하겠습니까? 그저 그들은 우리에게 임금을 지불하는 척하고 우리는 열심히 일하는 척할 뿐입니다."

이런 상황에서 자신의 기량을 최고로 발휘할 수 있는 사람이 과연 얼마나 될까? 인간은 자기 행동에 긍정적인 결과가 따르는 것을 볼 때 의욕도 생기고 동기 유발도 된다. 하나님이 인간을 그렇게 만드신 것이다. 우리는 가정과 교실, 직장과 국가 모두에서 결과라는 이 똑같은 법칙에 의해 삶을 영위해간다.

만일 천국이 모든 사람에게 똑같은 곳이라면, 그것은 지금 내가 이 세상에서 하는 일은 하나도 중요하지 않으며, 나 역시 창조주인 하나님께 아무런 책임도 지고 있지 않음을 의미하게 될 것이다. 그러나 하나님은 천국이 모든 사람에게 놀라운 곳이 될 것은 분명하지만, 그래도 어떤 사람들에게는 훨씬 더 좋은 곳이 될 것이라는 사실을 분명히 하신다.

만일 여러분이 하나님이 상 주시는 삶을 살려고 계획하고 있다면, 이것이야말로 희소식이 될 것이다.

죄로 인해, 이 세상에서의 성공과 리더십과 부에 대한 우리의 반응은 많이 오염되었다. 그러나 천국에서는 그렇지 않을 것이다. 우리는 하나님의 영광과 그분의 위대한 관대하심과 그분의 정의가 발하는, 이의를 제기할 수 없는 '공정함'에 압도될 것이다.

우리는 감히 하나님께 모든 사람의 일을 공평하게 처리하실 수는 없을 것이라고 말씀드려서는 안 된다. 하나님은 그분의 불변하는 의와 정의와 자비와 진리에 그분의 명성을 거셨기 때문이다(렘 9:24, 시 89:14).

하나님은 "각 사람의 행한 대로"(마 16:27) 그분의 자녀들에게 개인적으로, 은혜롭고도 아주 기쁘게 보상해주신다. 그리고 "잘하였도다 착하고 충성된 종아"라고 칭찬해주신다. 하나님의 칭찬은 영원토록 우리 귀에 달콤한 음악이 되어 울릴 것이다.

내 보상의 일기

천국에서 살게 되면, 어떤 점이 가장 좋을까?

하나님의 왕국에는 많은 집이 있다.
왜냐하면, 천국은 다양한 축복과 영예를 누리는
사람들을 위한 곳이기 때문이다.
천국은 어떤 사람이 다른 사람보다 좀더 높은 자리에 앉고
좀더 큰 영예와 영광을 누리는 그런 곳이다.
그러므로 그곳에 있는 집들은 아주 다양하며,
그 가운데는 다른 사람들보다 훨씬 명망 높은
사람들이 사는 저택들과 그들이 앉는 좌석이 있다.
물론, 하늘나라에 있는 좌석들은 모두
탁월한 명예와 축복을 거머쥔 자들을 위한 것이다.
그러나 그 중에서도 몇몇 자리는 다른 자리보다 훨씬 더 큰
영예와 축복을 받은 자들을 위한 자리다.

조나단 에드워즈(Jonathan Edwards)

Day 25
하늘나라에 대한 향수병

이 장막에 있는 우리가 짐 진 것같이
탄식하는 것은 벗고자 함이 아니요
오직 덧입고자 함이니
죽을 것이 생명에게 삼킨 바 되게 하려 함이라.
고린도후서 5:4

 당신은 하늘나라를 위해 지음받았는가? 아니면 이 세상을 위해 지음받았는가?

 당신은 아주 탁월한 신체 조건을 갖고 있다. 당신의 신체는 당신이 보고 맛보고 만지는 모든 것들로 당신의 주의를 돌릴 수 있는 필요와 갈망을 갖고 있다. 이 세상에서의 삶은 너무도 실제적이다. 그렇지 않은가? 그리고 천국은 너무 멀리 있다. 우리가 사는 이곳이 너무도 확실하게 다가올 때는 우리가 저 먼 곳에 속해 있다고 생각하기가 참으로 어렵다.

 하나님은 우리를 이 땅에서 살게 해주셨다. 그러나 정말로는 천국

Day 25 하늘나라에 대한 향수병 · 163

에서 살도록 우리를 지으셨다. 우리가 가장 갈망하는 곳도 바로 천국이다. 그 사실을 알든 알지 못하든 상관없이 말이다.

C. S. 루이스의 풍유 시리즈인 「나니아 연대기(The Chronicles of Narnia)」를 읽어보았다면, 아스란이라는 아주 큰 사자에 대해 알고 있을 것이다. 그 시리즈의 맨 마지막 책인 「마지막 전투(The Last Battle)」에서 아스란은 천국의 초상인 뉴 나니아에 대해 소개한다.

> 새로운 나니아는 … 좀더 깊은 곳이었다. 그곳에 있는 바위와 꽃들과 풀잎은 모두 좀더 많은 것을 의미하는 것처럼 보였다. 내 언어 실력으로는 그것들에 대해 설명하는 데 한계를 느낀다. 아마 그곳에 직접 가본다면, 내 말이 무슨 뜻인지 금방 알 수 있을 것이다.
>
> 그곳에는 유니콘이 있는데, 그곳에 대한 모든 사람의 느낌을 잘 요약해서 표현해주었다. 그는 오른쪽 앞발굽을 땅에 쾅쾅 찍고는 흐흐흥 하고 한 번 운 뒤 이렇게 외쳤다.
>
> "드디어 집에 왔다! 여기가 진짜 내 고향이다! 나는 여기에 속해 있다. 이곳이야말로 내가 지금까지 찾아다니던 바로 그곳이다. 안타깝게도 나는 지금까지는 이런 곳이 있다는 것을 몰랐다. 우리가 예전의 나니아를 사랑했던 이유도 가끔씩은 그

곳이 여기처럼 보였기 때문이었다."⁶

  루이스는 천국은 말로 형용할 수 없을 정도로 아름다운 동시에 우리가 친밀함을 느낄 수 있는 곳이라고 생각했다. 너무 낯익어서 보는 즉시 그곳이 우리 고향이라는 것을 알아볼 수 있을 것이라고 생각한 것이다. 게다가 천국은 너무 황홀한 곳이라서 우리가 이 세상에서 가졌던 모든 갈망과 소망을 만족시켜줄 것이다.

  사도 바울도 천국에 대해 이 같은 말을 아주 많이 했다. 그러나 그는 상상력은 조금도 사용하지 않았다. 그는 고린도후서 12장에서 "낙원으로 이끌려" 간 "그리스도 안에 있는 한 사람"을 안다고 했다(2, 4절). 여기에 대해 대부분의 학자들은 바울 자신이 바로 그 사람이라고 확신한다.

  그렇다면, 바울은 무엇을 보았을까? 불행하게도, 그는 자신이 본 것을 말로 표현할 수 없었다. 여기에 대해 한 주석가는 '천상 세계의 언어에 대한 생소함' 때문이라고 주석을 단다. 그럼에도 불구하고 천국에 대한 그의 강력한 열망은 우리에게 아주 많은 것을 들려준다.

- "과연 우리가 여기 있어 탄식하며 하늘로부터 오는 우리 처소로 덧입기를 간절히 사모하노니"(고후 5:2).

- "이 장막에 있는 우리가 짐 진 것같이 탄식하는 것은 벗고자 함이 아니요 오직 덧입고자 함이니 죽을 것이 생명에게 삼킨 바 되게 하려 함이라"(고후 5:4).
- "이뿐 아니라 또한 우리 곧 성령의 처음 익은 열매를 받은 우리까지도 속으로 탄식하여 양자될 것 곧 우리 몸의 구속을 기다리느니라"(롬 8:23).

'탄식하며', '간절히 사모하노니', '기다리느니라' 같은 말들을 눈여겨보라. 언뜻 보기에, 바울은 천국에 대한 향수병을 갖고 있는 것 같다. 그렇지 않은가? 우리도 그럴 수 있을까?

오늘, 당신의 삶을 한 번 돌아보라. 당신에게 있는 가장 깊은 갈망은 무엇인가? 당신은 그것을 어떻게 표현하고 싶은가? 당신도 이 세상이 줄 수 없는 경험과 장소에 대해 간절한 갈망을 갖고 있는가?

짐작하겠지만, 그 깊은 갈망은 하나님이 당신에게 보내는 초청일 수 있다. 그 갈망이 당신의 마음을 천국으로 완전히 돌아서게 할 수 있다면 눈에 보이지는 않지만, 우리가 보는 것보다 훨씬 더 실제적인 것을 잡으려고 간절한 마음으로 손을 뻗으면서, 당신은 하나님이 상 주시는 삶을 살 수 있는 강력한 열쇠를 발견하게 되는 것이다.

바울은 천국에 대해 강렬한 갈망을 갖고 있었다. 이 사실은 그가 이곳이 아니라 그곳을 위해 지음받았다는 것을 끊임없이 상기시켜주었다. 이것을 아는 지식이 그의 우선순위를 다듬어갔으며, 그의 목적에 초점을 맞추게 했다. 이 사실을 알았기 때문에, 그는 천국이 자신에게 약속해준 것에 비하면 이 세상에서 겪는 고통과 시련은 오히려 가볍고 일시적인 것에 불과하다는 시각을 견지할 수 있었다(고후 4:17-18).

「하나님이 상 주시는 삶」에서 나는 당신의 시민권을 천국의 시민권으로 바꾸라고 권고했다. 당신은 이미 그 나라에 대해 깊은 갈망을 갖고 있다. 부디, 그 갈망이 당신으로 하여금 더 큰 열정으로 그 나라를 위해 살게 하는 동기 부여제가 되게 하라. 그 나라에 대한 갈망으로, 하나님이 지금 당신을 위해 예비하신 모든 것과 언젠가 천국에서 주실 모든 것을 온 힘과 마음을 다해 붙잡으라.

내 보상의 일기

"사랑의 주님, 지금 제 속에는 천국에 대한 갈망이 있습니다. 이것을 인정할 수 있도록 도와주십시오. 그리고 제가 저의 진정한 미래를 잡으려고 하기보다 거짓된 위안을 잡으려고 할 때마다 그것을 보여주십시오."

나는 신음 소리가 멈추기를 원하지 않는다.
오히려 신음 소리가 깊어지기를 원한다.
나는 내 신음 소리가 음정 하나, 리듬 하나까지도
모든 피조계, 즉 땅과 하늘, 폭포와 물소, 박새류와 여치,
돌과 나무 등이 발하는 신음 소리에 합하는 법을 배우기 원한다.
그리고 모든 것들이 하나님의 아들들이 나타나기를 기다릴 때
그것들과 하나되는 것을 배우기 원한다(롬 8:22을 보라).
신음 소리는 피조계가 부르는 노래이며
우주가 연주하는 블루스 곡이다.
우리는 그 멜로디를 입으로 흥얼거리며
그 합창을 따라한다.

마크 부캐넌(Mark Buchanan)

이같이 말하는 자들은 본향 찾는 것을 나타냄이라
저희가 나온 바 본향을 생각하였더면 돌아갈 기회가 있었으려니와
저희가 이제는 더 나은 본향을 사모하니 곧 하늘에 있는 것이라
그러므로 하나님이 저희 하나님이라 일컬음 받으심을
부끄러워 아니하시고 저희를 위하여 한 성을 예비하셨느니라.

히브리서 11:14-16

Day 26

지옥은 연회장이 아니다

한 부자가 있어 자색 옷과 고운 베옷을 입고 날마다 호화로이 연락하는데
나사로라 이름한 한 거지가 헌데를 앓으며 그 부자의 대문에 누워
부자의 상에서 떨어지는 것으로 배불리려 하매
심지어 개들이 와서 그 헌데를 핥더라
이에 그 거지가 죽어 천사들에게 받들려 아브라함의 품에 들어가고
부자도 죽어 장사되매 저가 음부에서 고통 중에 눈을 들어
멀리 아브라함과 그의 품에 있는 나사로를 보고.

누가복음 16:19-23

티모시 맥베이(Timothy McVeigh)라는 사람은 폭탄을 투하해 무고한 사람 168명을 죽였다. 그 죄로 그는 사형을 언도받았다. 그때 그는 이렇게 말했다. "내가 만일 지옥에 간다면, 아주 많은 동료를 만나게 될 것이다."

어떤 사람들은 지옥에 친한 친구가 많아서 불행하고 비참한 모든 것이 그들 때문에 보상되는 큰 연회장 같은 곳이라고 생각한다. 과연 그럴까?

예수님은 그분을 따르는 모든 사람이 지옥에 대한 진리를 알기 원하셨다. 그래서 각자 영원한 목적지에 도착한 두 사람에 대한 이야기를 들려주셨다. 첫번째 사람은 세상에 사는 동안, 온갖 좋은 것들을 모두 즐긴 부자였다. 반면, 다른 사람은 부자의 상에서 떨어지는 부스러기로 겨우 연명하던 아주 불쌍한 거지였다.

그러나 죽음의 문을 통과하면서 두 사람의 운명은 완전히 뒤바뀌게 되었다. 거지는 천국에 가 영원한 안식을 누리게 된 반면 – 예수님의 이야기에서는 그가 '아브라함의 품'에 안기게 되었다고 나온다 – 부자는 지옥에 떨어져 영원히 비참한 생활을 하게 된 것이다.

바로 이때부터 진짜 드라마가 시작된다. 지옥에 떨어진 부자는 하늘의 모든 것을 볼 수 있었다. 그곳에서 그는 나사로가 위로받는 것을 보았다. 세상에 있을 때는 구걸하는 것이 나사로의 몫이었지만, 이제는 그가 구걸해야 할 차례가 되었다. 부자는 아브라함과 다음과 같은 대화를 나눈다.

부자 "아버지 아브라함이여, 나를 긍휼히 여기사 나사로를 보내어 그 손가락 끝에 물을 찍어 내 혀를 서늘하게 하소서. 내가 이 불꽃 가운데서 고민하나이다!"

아브라함 "너와 우리 사이에 큰 구렁이 끼어 있으므로 나사로는 네게 갈 수 없느니라."

부자 "그러면 구하노니 나사로를 내 다섯 형제들에게 보내 그들에게 증거하게 하소서. 그렇지 않으면, 그들 역시 저와 마찬가지로 이 고통스러운 곳에 오게 될 것입니다!"

아브라함 "저희에게는 이미 지옥에 대한 진리를 보여줄 수 있는 성경이 있으니 듣고자 하면 들을 것이다."

부자 "그렇지만, 만일 죽은 자 가운데 누군가가 제 형제들에게 가면 분명 그들이 회개할 것입니다!"

아브라함 "그들이 성경도 믿지 않는다면, 죽은 자가 가서 증거하더라도 믿지 않을 것이다…"

이 얼마나 영원에 대한 냉정하고도 침착한 시각인가! 우리가 예수님의 말씀을 받아들이고 그 말씀 위에서 행동한다면, 이 이야기는 오늘에 대한 얼마나 희망적인 계시인지 모른다.

이 이야기에서 나는 지옥에 대해 그리고 우리의 오늘과 영원 사이의 연결고리에 대해 분명하고도 중요한 정보를 네 가지 발견했다.

1. 죽음은 현재의 우리 삶과 나중의 우리 삶 사이에 있는 문이다.
그 문을 통과할 때, 우리는 자신의 영원을 변화시킬 수 있는 기회를 모두 뒤에 남겨두고 가게 된다. 그 문을 지난 후로는 그 사이에 "큰 구렁이 끼어 있"(26절)게 되기 때문이다.

2. **지옥은 끝없는 고통의 장소다.** 그러나 탈출구는 어디에도 없다. 그곳에서도 사람들은 의사 소통도 할 수 있고 고통과 후회의 감정도 느낄 수 있다. 의식이 살아 있기 때문이다. 그런데 그들의 이런 상태는 영원히 계속된다. 지옥은 일단 발을 들여놓았다 하면, 절대로 빠져나올 수 없는 곳이기 때문이다.

3. **나중에 하나님은 모든 인간에게 마지막 심판을 가하실 것이다.** 흥미롭게도, 부자는 자신의 선택이 자기를 어디로 데려왔는지에 대해 하나님과 논쟁하지 않는다. 이것은 말이 된다. 왜냐하면, 심판의 본질은 가혹함이 아니라, 사태를 바로잡는 방식으로 정의를 적용하는 것이기 때문이다. 예수님은 천국에서도 보상의 정도가 다양하듯, 지옥에서도 고통의 정도가 다양할 것이라고 말씀하셨다(마 11:23-24, 롬 2:5). 하나님은 우리가 살아가면서 겪는 불공정함과 고통에 관심을 갖고 계신다. 그래서 언젠가는 친히 심판하셔서 모든 것을 바르게 하실 것이다.

4. **지금 우리 삶은 나중의 우리 삶에 직접적인 영향을 끼친다.** 그 결과는 예측 가능하며 결정적이다. 그리고 우리에게 영원히 중요할 것이다.

오늘 우연히 나사로나 부자를 만난다면, 그들은 여러분에게 무엇을 말해줄까? 두 사람의 조언이 서로 다를까, 아니면 같을까?

내 생각에는 두 사람 모두 다음과 같은 긴급한 메시지를 전해줄 것 같다. 즉 인생은 짧지만 하나님은 선하시니 예수님을 주님이자 구세주로 받아들이고, 그분과 함께 영원을 위해 살고 이 소식을 온 천하에 전하라고 말이다.

내 보상의 일기

"주님, 저는 지금의 상황이 어떻게 보이든, 언젠가는 당신이 모든 사람을 위해 모든 것을 올바르게 해주실 것이라는 사실을 압니다. 이 사실이 제게는 얼마나 놀라운지 모릅니다.

이 같은 사실은 _____ 상황을 볼 때면 특히 더 격려가 됩니다."

하나님은 의로우신 통치자이시다.
그분의 법은 거룩하고 정의로우며 선하시다.
하나님은 공정하시며 법을 집행함에 있어 한결같으시다.
재판관이신 하나님은 사역에 따라 모든 사람을 대하신다.
그분은 무고한 사람을 정죄하지도 않으시며,
죄 있는 자를 결백하다고 하지도 않으신다.

찰스 하지(Charles Hodges)

Day 26 지옥은 연회장이 아니다

의인이 악인 때문에 고통받고
그들에게 공격을 받아 피해를 입을 때,
그리고 그들이 퍼붓는 비방에 주눅 들고
그들의 모욕과 오만함에 갈기갈기 찢길 때,
그럼에도 불구하고 악인이 벌을 받기는커녕
오히려 잘되고 번창하며 안락함과 명예를 거머쥘 때,
그럴 때일수록 우리는 언젠가는 사악한 자가 벌을 받고
의로운 자가 보상받는다는 사실을 기억해야 한다.

존 캘빈(John Calvin)

그리스도의 대사들

Day 27

> 그런즉 누구든지 그리스도 안에 있으면 새로운 피조물이라
> 이전 것은 지나갔으니 보라 새 것이 되었도다
> 모든 것이 하나님께로 났나니 저가 그리스도로 말미암아
> 우리를 자기와 화목하게 하시고
> 또 우리에게 화목하게 하는 직책을 주셨으니
> 이는 하나님께서 그리스도 안에 계시사 세상을 자기와 화목하게 하시며
> 저희의 죄를 저희에게 돌리지 아니하시고
> 화목하게 하는 말씀을 우리에게 부탁하셨느니라
> 이러므로 우리가 그리스도를 대신하여 사신이 되어
> 하나님이 우리로 너희를 권면하시는 것같이
> 그리스도를 대신하여 간구하노니 너희는 하나님과 화목하라.
>
> **고린도후서 5:17-20**

언젠가 망원경으로 별을 관측하는 것은 수영장 바닥에서 하늘을 보는 것과 흡사하다는 글을 읽은 적이 있다. 아무리 눈을 가늘게 뜨고 쳐다봐도, 사물은 여전히 흐릿하게 보인다(별이 반짝거려 보이는 이유도 이 때문이다). 망망한 바다 같은 대기가 망원경이 정확하게

볼 수 있는 범위를 제한해버리는 것이다.

1990년에 허블 우주 망원경이 쏘아올려졌을 때 천문학자들은 흥분에 들떴다. 허블 우주 망원경은 스쿨버스 크기 만한 것으로 지구의 대기 위에 있는 궤도를 돌며 별을 연구한다. 따라서 전혀 흐릿하게 보이지 않으며 별들이 반짝이는 현상도 없다. 이 망원경 덕택에 과학자들은 거의 매주 새로운 발견을 하고 있다.

그런데 예수님이 우리에게 영원에 대한 사실들을 보여주시는 것은 이 허블 우주 망원경과 비슷한 데가 있다. 우리의 관점은 제한되어 있다. 그러나 예수님의 관점은 제한되어 있지 않다. 그분은 우리에게 진리를 보여주시기 위해 영원에서 오셨다. 우리가 예수님이 계시하신 것을 진정으로 받아들인다면, 이 땅에서의 우리 삶을 절대로 지금과 똑같게 보지 않을 것이다.

혹은 다른 사람들도 그럴 것이다.

당신은 이 세상에서 당신이 이루어야 할 목적에 대해 어떻게 생각하는가? 영원에 대한 진리가 그 생각을 바꾸고 있는가?

C. S. 루이스는「영광의 무게(The Weight of Glory)」라는 에세이에서 영원의 '압도적인 가능성'에 대해 쓰며 이렇게 결론지었다. "세상에 평범한 사람이란 없다. 단지 죽을 운명을 갖고 태어난 사람도 없다. 국가, 문화, 예술, 문명 같은 것들은 언젠가는 죽어 없어지기

마련이다. 그들의 생명은 하루살이와 같다. 그러나 우리는 죽음을 모르는 불멸의 존재와 우스갯소리도 하고 함께 일도 하고 결혼도 한다. 그리고 그들을 무시하기도 하고 이용하기도 한다. 한마디로, 우리가 상대하는 존재는 불멸의 공포 혹은 영원히 사라지지 않는 영광인 것이다." [7]

이 때문에 우리에게는 '불멸의 인간들'에게 복음의 기쁜 소식을 전하고 그것을 삶으로 살아내는 것이 가장 중요하고도 영원한 일이다. 함께 생활하고 함께 일하고 거리에서 마주치는 사람에게 우리가 줄 수 있는 선물 가운데 이보다 더 큰 선물은 없을 것이다.

모든 사람은 영원한 가능성을 갖고 있다.

바울은 그리스도와 만나고 나서 인생관이 송두리째 바뀌는 경험을 했다. 그 경험으로 그는 "산 자들로 하여금 다시는 저희 자신을 위하여 살지 않고" "그러므로 우리가 이제부터는 아무 사람도 육체대로 알지 아니"한다는 데 동의하게 되었다(고후 5:15-16).

바울은 이 놀라운 과제에 대해 묘사하기를, 그리스도를 위해 대사가 되는 것이라고 했다. 바울은 그리스도가 우리에게 그분을 대신해 세상에 호소하라는 위임장을 주셨는데, 이 사실을 매일매일 깨달아야 한다고 했다. 성경은 우리 왕은 "아무도 멸망치 않고 다 회개하기에 이르기를 원하"(벧후 3:9)신다고 분명히 한다.

내일은 집을 나설 때나 사무실에서 나올 때 그리스도의 대사로서의 개인적 임무가 우리의 하루를 어떻게 빚어가는지 생각해보기 바란다.

- 우리는 우리 왕의 메시지를 전하라는 특별한 명령을 받고 있다.
- 우리는 우리 왕에게 반대하거나 무시하는 사람들 혹은 그분을 알지 못하는 사람들과 우리 왕 사이에 화해와 일치를 가져올 수 있는 많은 기회를 기대해야 하고 그것을 잘 활용해야 한다.
- 우리는 우리의 말과 행동이 우리 왕과 그분이 선포하는 메시지의 의미에 대해 아주 크게 말하고 있다는 것을 기억해야 한다.
- 대사는 왕의 관심사와 우선순위를 자신의 일보다 우선시할 때만 성공할 수 있다는 것을 유념해야 한다.

오늘 하나님께 잃어버린 영혼들을 향해 좀더 큰 열정을 품을 수 있게 해달라고 간구하라. 오직 열정만이 죽어 없어지지 않을 다른 많은 것들을 위해 영원을 바꿀 수 있고 우리에게 큰 보상을 가져다줄 수 있다. 예수님은 제자들에게 "거두는 자가 이미 삯도 받고 영생에 이르는 열매를 모으나니 이는 뿌리는 자와 거두는 자가 함께 즐거워하게 하려 함이니라"(요 4:36)고 말씀하셨다.

우리는 아주 즐거운 일을 하기 위해 부름받았다. 예수님은 우리에게 진리를 보여주셨다. 그리고 그 진리는 하나님의 말씀을 전할 수 있도록 우리를 자유케 해주었다.

 내 보상의 일기

이번 주에 하나님의 복음을 전할 계획을 세우라. 내가 기도하면서 복음을 전할 사람을 세 명만 적어보라.

> 우리가 단지 몇 사람밖에 설득하지 못한다 해도
> 우리는 아주 큰 보상을 받게 될 것이다.
> 왜냐하면, 선한 일꾼처럼,
> 우리도 주인에게서
> 우리 일에 대해 보상받을 것이기 때문이다.
>
> 순교자 저스틴(Justin Martyr)

> 지혜 있는 자는 궁창의 빛과 같이 빛날 것이요
> 많은 사람을 옳은 데로 돌아오게 한 자는
> 별과 같이 영원토록 비취리라.
>
> 다니엘 12:3

우리의 소망이나 기쁨이나 자랑의 면류관이 무엇이냐
그의 강림하실 때 우리 주 예수 앞에 너희가 아니냐.

데살로니가전서 2:19

Day 28

우리 삶의 경주

*이러므로 우리에게 구름같이 둘러싼 허다한 증인들이 있으니
모든 무거운 것과 얽매이기 쉬운 죄를 벗어버리고
인내로써 우리 앞에 당한 경주를 경주하며
믿음의 주요 또 온전케 하시는 이인 예수를 바라보자
저는 그 앞에 있는 즐거움을 위하여 십자가를 참으사
부끄러움을 개의치 아니하시더니 하나님 보좌 우편에 앉으셨느니라.*
히브리서 12:1-2

그것은 올림픽 역사상 가장 훌륭한 순간이었다. 어쩌면 여러분도 TV 화면에서 그 장면을 보았을지 모르겠다. 뉴욕의 한 고등학교 2학년에 재학중이던 사라 휴즈(Sarah Hughes)는 피겨 스케이팅 대회에서 4위로 결승전에 올랐다. 그녀가 금메달을 획득하려면, 기적이 일어나야 했다. 생애 최고의 공연을 펼쳐야 했던 것이다.

그녀는 자기 차례가 되자 순위 안에 들어야 한다는 압박감은 잊고 대신 스케이트 타는 것을 즐긴다는 마음으로 경기에 임했다. 그 덕택

에 그녀는 공연하는 내내 방실방실 웃을 수 있었다. 그날 그녀는 스케이트 역사의 한 페이지를 장식할 정도로 놀라운 공연을 펼쳤다. 올림픽 역사상 처음으로 3단 뛰기를 두 번이나 완벽하게 해낸 것이다.

심판관들이 점수를 공개하자, 관중석에서는 경기장이 떠나갈 듯 함성이 터져나왔다. 사라는 탄성을 지르며 코치에게 달려가 코치를 얼싸안았다. 그들은 바닥에 주저앉으며 기쁨의 눈물을 흘렸다. 카메라들은 그런 그녀의 모습을 담아내느라 분주했다. 사라의 코치는 그녀의 얼굴을 감싸안으며 외쳤다. "드디어 금메달을 따냈구나!"

언젠가 천국에 가면 우리도 이와 비슷한 세러모니를 경험하게 될 것이다. 그때 우리는 우리가 달려가야 할 경주를 모두 마치고 심판자이신 하나님께 보상받을 시간만 기다리게 될 것이다. 아마 우리 생애에서 그 순간만큼 중요하고 큰 순간은 없을 것이다.

하나님 역시 그 순간이 우리 생애 최고의 순간이 되기 바라신다.

지금까지 내가 말해온 것도 바로 그 최고의 순간에 대한 것이다. 오늘 성경 본문 역시 최종적이면서 이별을 고하는 조언을 담고 있다. 자세히 읽어보면, 오늘 본문이 올림픽 시합에 나가기 전에 코치가 선수에게 해주는 말과 유사하다는 느낌을 받을 수 있을 것이다.

바울과 마찬가지로, 히브리서 기자 역시 믿음의 삶을 운동 경기에 비유한다. 그는 천국의 관람석이 군중으로 가득 차 있다고 말한다.

그들의 시선은 한 군데로 집중하고 있다. 이 때 바울은 우리가 경기에서 이기는 데 꼭 필요하고도 귀한 조언을 해준다.

1. **우리를 방해하는 것과 걸려 넘어지게 하는 죄는 모두 옆으로 치워버려야 한다.** 승부욕에 불타는 선수들은 그들의 속도를 늦추게 하거나 이길 수 있게 하는 것이 너무도 많다는 것을 알고 있다. 무거운 옷이나 빈약한 식사, 수면 습관 및 정신을 산만하게 하는 것들이 그들로 하여금 제 속력을 내게 하지 못한다는 것을 알고 있는 것이다. 우리가 달려가야 하는 경주에서 제 속도를 내지 못하게 하고 여기저기 걸려 넘어지게 하고 상을 받지 못하게 하는 것으로 죄만큼 강한 힘을 가진 것은 없다.

여러분에게 그런 죄가 있다면, 예수님께 고백하고 내려놓으라. 요한은 "만일 우리가 우리 죄를 자백하면 저는 미쁘시고 의로우사 우리 죄를 사하시며 모든 불의에서 우리를 깨끗케 하실 것이요"(요일 1:9)라고 말한다.

2. **우리 앞에 놓인 경주를 인내함으로 달려가야 한다.** 콜로라도 스프링스의 올림픽 트레이닝 센터에는 "모든 챔피언에게는 인내야말로 눈에 보이지 않는 전략이다"라는 모토가 걸려 있다. 인내는 올바른 일을 반복할 때 쌓이게 된다. 우리가 그날 그날 어

떻게 느끼느냐와는 상관없이 말이다. 어떤 때는 인내가 단지 포기하지 않는 것처럼 간단한 것일 수도 있다. 바울은 "우리가 선을 행하되 낙심하지 말지니 피곤하지 아니하면 때가 이르매 거두리라"(갈 6:9)고 말한다.

그런데 한 가지 주의할 점이 있는데, 그것은 우리가 자신에게 주어진 경주만 달려가야 한다는 것이다. 그래서 여러분이 달려가야 할 경주와 내가 달려가야 할 경주가 다르다. 여러분이 달려가야 할 경주는 여러분만을 위해 독특하게 만들어졌으며, 여러분은 그 경주에서 승리할 수 있는 은사와 사명을 받고 있다.

3. **시선을 예수님께 고정시켜야 한다.** 운동 선수라면 시선을 어디에 고정시키느냐가 중요하다는 것을 모두 알고 있을 것이다. 사라 휴즈가 3단 돌기를 두 번 했을 때, 그녀는 시선을 정확히 같은 자리에 고정시켰다. 균형을 잃지 않기 위해서였다. 마찬가지로, 우리가 시선을 고정시켜야 하는 표지는 예수님이시다. 그분은 우리에게 도움을 주실 수 있는 유일한 분이시며 우리가 경주를 달려가야 할 이유의 중심이시다. 유다는 예수님이 "능히 너희를 보호하사 거침이 없게 하시고 너희로 그 영광 앞에 흠이 없이 즐거움으로 서게 하실 자"(유 1:24)라고 했다.

여러분이 지금까지 인생을 남용했고 기적이 일어나지 않는 한 하나님께로부터 "잘하였도다"는 말을 듣기가 어려울 것 같다면, 여러분의 경주를 심판하실 하나님을 기억하기 바란다. 하나님은 결승선에서 여러분을 기다리며 여러분을 위해 기도하고 여러분에게 보상해 주기를 학수고대하신다(계 22:12).

예수님은 우리에게 "그분 앞에 놓인 기쁨을 위해 달려야 한다"는 본보기를 보여주셨다. 오늘 하나님을 온전히 섬기라. 그리고 앞으로도 매일 하나님을 온전히 섬기는 기쁨을 맛보기 위해 살라. 그럴 때 사랑이신 하나님의 손에서 놀라운 보상을 받게 될 것이다.

내 보상의 일기

"사랑의 주님, 제 시선을 당신께 고정시키니, 믿음의 경주를 달려갈 때 힘과 지혜를 주십시오. 저를 혼란스럽게 하는 죄들은 떨쳐버리기 원하니 도와주십시오."

> 그러므로 너희가 이제 여러 가지 시험을 인하여
> 잠깐 근심하게 되지 않을 수 없었으나 오히려 크게 기뻐하도다
> 너희 믿음의 시련이 불로 연단하여도 없어질 금보다 더 귀하여
> 예수 그리스도의 나타나실 때에
> 칭찬과 영광과 존귀를 얻게 하려 함이라

예수를 너희가 보지 못하였으나 사랑하는도다
이제도 보지 못하나
믿고 말할 수 없는 영광스러운 즐거움으로 기뻐하니
믿음의 결국 곧 영혼의 구원을 받음이라.

베드로전서 1:6-9

그리스도께서 자기를 기쁘게 하지 아니하셨나니
기록된 바 주를 비방하는 자들의 비방이
내게 미쳤나이다 함과 같으니라.

로마서 15:3

각주

1. 이 그림은 랜디 알콘(Randy Alcorn)이 그의 책 「*the Treasure Principle* (Sisters, Ore.:Multnomah Publishers, 2001)」.
2. Rick Howard and Jamie Lash, 「*This Was Your Life!* (Grand Rapids, Mich.:Chosen Books, 1998)」, pp. 94-95에서 인용.
3. 같은 책.
4. 같은 책.
5. 마크 부캐넌(Mark Buchanan), 「*Your God Is Too Safe* (Sisters, Ore.: Multnomah Publishers, 2001)」, p. 184.
6. C. S. 루이스(C. S. Lewis), 「*The Last Battle* (New York: Harper Collins, 1994)」.
7. C. S. 루이스(C. S. Lewis), 「*The Weight of Glory* (San Francisco: Harper San Francisco, 2001)」.

묵상을 위한 하나님이 상 주시는 삶

1쇄 인쇄 / 2004년 1월 20일
1쇄 발행 / 2004년 1월 30일

지은이 / 브루스 윌킨슨
옮긴이 / 김 인 화
펴낸이 / 양 승 헌
펴낸곳 / 도서출판 디모데 〈파이디온선교회 출판 사역 기관〉

등록 / 1998년 1월 22일 제17-164호
주소 / 서울 동작구 사당동 1045-10
전화 / 586-0872~4 **팩스** / 522-0875
홈페이지 / www.timothybook.com

값 6,000원
ISBN 89-388-1108-5
Copyright ⓒ 도서출판 디모데 2003 〈Printed in Korea〉

하나님이 상 주시는 삶 시리즈

영원한 상급을 바라보며 나아가게 하는
브루스 윌킨슨의 최신간

지금 우리가 하는 모든 일이 영원토록 중요한 이유

하나님이 상 주시는 삶

작은 책이지만 깊은 감동을 주고 있는 베스트셀러
「야베스의 기도」와 「포도나무의 비밀」에 이은 이 책에서
브루스 윌킨슨은 우리가 지금 하나님을 위해 하는 일에
영원한 상을 주시는 하나님의 계획에 대해
예수님께서 하신 말씀을 보여준다.
그래서 우리가 매일의 삶에서 부딪히는 아주 사소한 일에도
온 마음을 다해 하나님을 섬기게 한다.

브루스 윌킨슨 & 데이빗 콥 지음 | 미영례 옮김 | 197쪽 | 값 6,800원

하나님이 상 주시는 삶 시리즈

묵상을 위한 하나님이 상 주시는 삶
영·유아를 위한 하나님이 상 주시는 삶(근간)
어린이를 위한 하나님이 상 주시는 삶(근간)
청소년을 위한 하나님이 상 주시는 삶(근간)
소녀를 위한 하나님이 상 주시는 삶(근간)
소년을 위한 하나님이 상 주시는 삶(근간)
하나님이 상 주시는 삶 성경 공부(근간)

야베스의 기도 시리즈

새로운 차원의 삶으로 인도하는
「야베스의 기도」 시리즈

PRAYER OF JABEZ

내 삶을 기적으로 채우는 기도의 원리

잘 알려지지는 않았지만 성경에 나타나 있는 한 영웅의 탁월한 기도를 통해
어떻게 하나님의 축복과 능력과 보호를 경험하게 되는지를
브루스 윌킨슨(Bruce Wilkinson)과 함께 살펴보는 시간을 가지라.
같은 기도를 매일 드리면서도 어떻게 과거에 얽매이지 않고,
우리가 살아가도록 되어 있는 그런 복된 삶을 누릴 수 있는지를 알게 될 것이다.

브루스 윌킨슨 지음 | 마영례 옮김 | 144쪽 | 5,500원

학령전 어린이를 위한 야베스의 기도
브루스 윌킨슨 & 멜로디 칼슨 지음 | 4,300원

야베스와 하나님의 보물창고
브루스 윌킨슨 & 랍 석스 지음 | 8,000원

어린이를 위한 야베스의 기도
브루스 윌킨슨 & 멜로디 칼슨 지음 | 4,800원

청소년을 위한 야베스의 기도
브루스 윌킨슨 & 데이빗 콥 지음 | 5,500원

여성을 위한 야베스의 기도
달린 마리 윌킨슨 지음 | 6,000원

묵상을 위한 야베스의 기도
브루스 윌킨슨 지음 | 6,000원

포도나무의 비밀 시리즈

「야베스의 기도」 브루스 윌킨슨이 전하는
새로운 도전의 메시지

SECRETS OF THE VINE

풍성한 삶을 위한 영적 도약

포도나무의 비밀

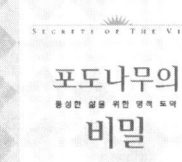

당신의 삶에 풍성함이 있는가?
우리는 하나님을 위한 풍성한 삶을 살도록 창조되었다.
그러나 우리의 힘만으로는 불가능하다. 당신의 삶이 더 풍성해지기를 원하는가?
브루스 윌킨슨과 함께 요한복음 15장을 여행해보라.
열매 가득한 삶으로 도약하기 원한다면 우리의 삶을 통해 일하시는
하나님의 방법을 겸손하게 배우라.

브루스 윌킨슨 & 데이빗 콥 지음 | 마영례 옮김 | 216쪽 | 값 6,800원

**영·유아를 위한
포도나무의 비밀**
브루스 윌킨슨 & 멜로디 칼슨 지음 | 4,300원

**6-9세 어린이를 위한
포도나무의 비밀**
브루스 윌킨슨 & 랍 섹스 지음 | 8,000원

어린이를 위한 포도나무의 비밀
브루스 윌킨슨 & 멜로디 칼슨 지음 | 4,800원

청소년을 위한 포도나무의 비밀
브루스 윌킨슨 & 데이빗 콥 지음 | 5,500원

포도나무의 비밀 31일 어린이 큐티
브루스 윌킨슨 & 랍 섹스 지음 | 5,500원

포도나무의 비밀 성경 공부(인도자·학생용)
브루스 윌킨슨 | 각권 2,500원

묵상을 위한 포도나무의 비밀
브루스 윌킨슨 지음 | 6,000원